*Este livro contém três frases escondidas.
Se você encontrá-las, mande um e-mail para
loja@belasletras.com.br para ganhar um prêmio.
Para começar, coloque a contracapa no escuro.*

BOA SORTE!

FAMÍLIA VIAGEM GASTRONOMIA MÚSICA **CRIATIVIDADE**
& OUTRAS LOUCURAS

ALEX BONIFÁCIO

IMPOSSÍVEL

COMO DESCOBRIR
OPORTUNIDADES INCRÍVEIS PARA CRIAR
TRANSFORMAÇÕES NA VIDA, NOS
NEGÓCIOS E NO MUNDO

© 2019 by Alex Bonifácio

Nenhuma parte desta publicação pode ser reproduzida, armazenada ou transmitida para fins comerciais sem a permissão do editor. Você não precisa pedir nenhuma autorização, no entanto, para compartilhar pequenos trechos ou reproduções das páginas nas suas redes sociais, para divulgar a capa, nem para contar para seus amigos como este livro é incrível (e como somos modestos).

Este livro é o resultado de um trabalho feito com muito amor, diversão e gente finice pelas seguintes pessoas:

Gustavo Guertler (edição), Fernanda Fedrizzi (coordenação editorial), Gabriela Peres (revisão), Germano Weirich (revisão) e Rafaela Villela (capa e projeto gráfico).

Obrigada, amigos.

2019
Todos os direitos desta edição reservados à
Editora Belas Letras Ltda.
Rua Coronel Camisão, 167
CEP 95020-420 - Caxias do Sul - RS
www.belasletras.com.br

Dados Internacionais de Catalogação na Fonte (CIP)
Biblioteca Pública Municipal Dr. Demetrio Niederauer
Caxias do Sul, RS

B715i	Bonifácio, Alex
	Impossível: como descobrir oportunidades incríveis para criar transformações na vida, nos negócios e no mundo / Alex Bonifácio. - Caxias do Sul: Belas Letras, 2019.
	224 p.
	ISBN: 978-85-8174-494-0
	1. Empreendedorismo. 2. Economia criativa. 3. Técnicas de autoajuda. II. Título
19/42	CDU 65.011.4

Catalogação elaborada por Vanessa Pinent, CRB-10/1297

Dedico à
ANA BEATRIZ,
por me ensinar tanto.

DESAFIOS INIMAGINÁVEIS — 11

14 — QUANDO A SOLUÇÃO PARECE IMPOSSÍVEL
23 — POR QUE MUITAS VEZES NÃO CONSEGUIMOS ATINGIR OS RESULTADOS QUE BUSCAMOS?

QUANDO SEUS ESFORÇOS NÃO GERAM OS RESULTADOS QUE VOCÊ DESEJA — 29

31 — O MOMENTO EURECA
34 — *MINDSET* DA ESCASSEZ: FARINHA POUCA, MEU PIRÃO PRIMEIRO
48 — MODELO MENTAL ATUAL – ATIVOS VISÍVEIS
50 — ATIVOS INVISÍVEIS – UMA RICA E GENEROSA FONTE DE ALTERNATIVAS

IDEIAS *ROCK AND ROLL* — 65
74 — MALUCOS ESSENCIAIS

BULLYING — 91

SUTILEZAS — 107

EM BUSCA DO *MINDSET* DE OPORTUNIDADES — 125
126 — ETAPA 1. CONSTRUA A SUA EQUAÇÃO IMPOSSÍVEL
131 — LEIA A BULA
136 — DOIS TIPOS DE PESSOAS
139 — DEFINA SEU OBJETIVO EXTRAORDINÁRIO
144 — ETAPA 2. COLOQUE-SE EM ESTADO DE ATENÇÃO PLENA PARA IDENTIFICAR OS SEUS ATIVOS INVISÍVEIS
146 — DIAS DIFÍCEIS, IDEIAS BRILHANTES
148 — LIGUE A ANTENA. CONSIDERE TODAS AS POSSIBILIDADES
154 — AMPLIE A BASE DE CONHECIMENTO — TODO MUNDO PODE BRINCAR
166 — ATIVOS INVISÍVEIS — BASE AMPLIADA
172 — ETAPA 3. APRESENTE A IDEIA *ROCK AND ROLL*
180 — ETAPA 4. CORPO ESTRANHO
189 — ETAPA 5. TAPINHAS NAS COSTAS
196 — ETAPA 6. *GIVE BACK*
200 — ARREGAÇANDO AS MANGAS
203 — MAPEAMENTO DOS ATIVOS INVISÍVEIS

VOCÊ TAMBÉM PODE FAZER COISAS IMPOSSÍVEIS! — 209

REFERÊNCIAS BIBLIOGRÁFICAS — 220

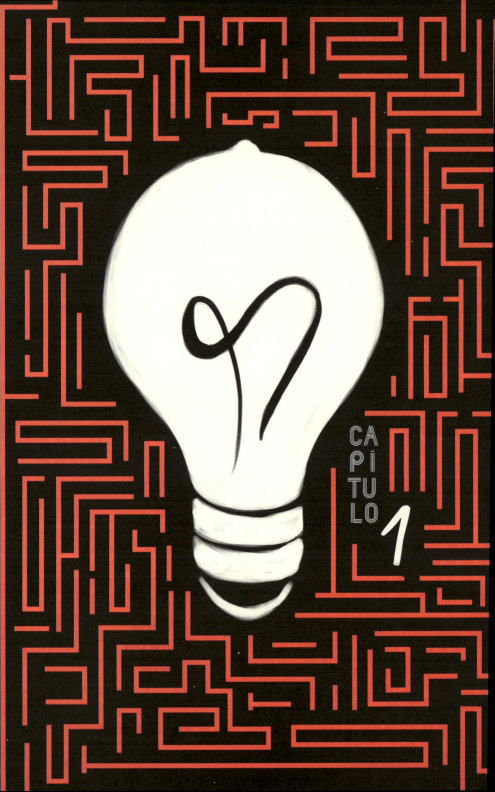

DESAFIOS INIMAGINÁVEIS

Se você ainda não se acostumou, deveria. Será cada vez mais frequente vermos pessoas comuns altamente motivadas ou mesmo pequenos grupos de pessoas movidas por uma crença comum fazendo o que parecia impossível acontecer. Elas encontram respostas para desafios aparentemente intransponíveis para transformar suas vidas, seus negócios e o mundo de modo surpreendente.

Alguns poderiam imaginar que a habilidade para atingir tais resultados estaria restrita a pessoas especiais, brilhantes, PhD's ou àqueles que falam diversos idiomas. Mas, na verdade, como veremos, são pessoas absolutamente comuns. O que você verá aqui é que não é preciso ser um gênio para ter grandes sacadas. Sim, pessoas comuns estão encontrando saídas para problemas aparentemente impossíveis e que muitos experts não foram capazes de encontrar. Deparar-se com exemplos disso será algo cada vez mais frequente.

Como a aposentada brasileira que, em um curto espaço de tempo, sem dispor de dinheiro, alimentos, medicamentos, assistência médica e sem depender de doações, conseguiu acabar com a mortalidade infantil e salvou a vida de milhões de crianças carentes.

Como o desenvolvedor belga de produtos que, de forma rápida, acessível e barata, sem depender de ajuda internacional, conseguiu eliminar as minas terrestres abandonadas em países africanos para restabelecer a agricultura, vencer a fome, salvar vidas e, ainda por cima, diagnosticar a tuberculose de forma imediata e gratuita.

Ou ainda o físico indiano que encontrou uma maneira de promover a educação, em um curto espaço de tempo e a um custo baixo, sem precisar de escolas nem de professores, já que em boa parte dos países pobres esses dois recursos são bastante escassos.

Como se tais desafios já não parecessem intransponíveis, o que você diria se eu lhe dissesse que essas mesmas pessoas conseguiram tais

"NÃO É PRECISO SER UM GÊNIO PARA TER GRANDES SACADAS."

resultados utilizando apenas alternativas e recursos que já estavam disponíveis para todas as outras pessoas, mas que ninguém percebia? Impossível? Esses são apenas alguns exemplos de pessoas que estão encontrando formas radicais de lidar com grandes problemas.

No mundo dos negócios, isso também acontece. É o caso da empresa que utilizou uma alternativa que não custou um dólar sequer para obter lucros de bilhões de dólares.

Ou então da companhia que, sem pôr a mão no bolso, ofereceu aos clientes descontos de até 50% em determinados produtos e ampliou sua base de clientes e seu lucro.

Ou, ainda, o comandante de um navio que, no período de apenas dois anos, sem gastar nada mais para isso (na verdade, gastando menos) transformou o pior navio de guerra da frota americana no melhor, mais preparado e mais confiável.

Esses são apenas alguns dos muitos exemplos que você encontrará aqui. Todos esses casos apresentam três características em comum:

1 Foram desenvolvidos por pessoas comuns que atingiram resultados impressionantes;

2 Utilizaram recursos e alternativas que já estavam disponíveis, mas que eram ignorados pelas outras pessoas;

3 Foram realizados por pessoas que seguiram um método capaz de revelar oportunidades e que tem o potencial de transformar o mundo de forma rápida e radical.

Como veremos, quando alguém reúne essas três condições, passa a ver o que a maioria das pessoas simplesmente ignora. Com isso, é inevitável que desenvolva soluções inovadoras e radicais, impressionando o mundo com suas realizações. O que eles fazem de diferente? Como conseguiram resultados como esses? De onde extraíram os recursos de que precisavam? Essas são algumas perguntas que serão respondidas, afinal, é justamente do que trata este livro. Você verá esses e outros casos de pessoas ou pequenos grupos que atingiram resultados improváveis e, principalmente, verá o que você pode fazer para, ao conhecer essa fórmula, passar a integrar esse grupo e concretizar as transformações que você quer para sua vida, para os seus negócios e para o mundo.

QUANDO A SOLUÇÃO PARECE IMPOSSÍVEL

A seca daquele ano foi implacável e muita gente morreu. Quando o adolescente William Kamkwamba viu o pai do lado de fora de sua modesta casa, de pé, parado, desolado, com o olhar perdido fixo no horizonte, onde só era possível ver uma terra devastada, teve uma reflexão. Assim como seus antepassados viveram essa mesma amarga experiência, tudo indicava que também não haveria saída para ele e que, em pouco tempo, seria a sua vez de passar por aquela situação. Isso provavelmente também aconteceria com seus próprios filhos e netos. Várias gerações castigadas pelo mesmo problema. A sina se repetiria continuamente, e esse era o seu destino.

Sem poder frequentar a escola, sendo de família carente e vivendo no interior de um dos países mais pobres do mundo, esse futuro parecia ser uma sentença imutável. A ausência de oportunidades e o sentimento de que não haveria saída continuariam a fazer novas vítimas e a trazer cada vez mais sofrimento.

No entanto, o que aconteceu em pouco tempo foi uma reviravolta. O ano era 2007, e o que William fez ao reconsiderar o potencial de coisas aparentemente inúteis mudou essa realidade. Como ele não tinha dinheiro para pagar a escola, ficava na biblioteca do vilarejo folheando livros. Quando viu em um deles, caindo aos pedaços, uma foto de moinhos de vento – a mesma foto que outras pessoas que também folhearam o material viram e ignoraram – encontrou uma solução. Estava ali, bem diante dele! A saída de que ele tanto precisava era um moinho de vento. Deu-se conta de que um moinho poderia produzir eletricidade, bombear água e ser uma defesa contra a fome e a seca! Mas onde encontrar o material necessário para construir um moinho?

Logo ele percebeu que muitas coisas consideradas como lixo na verdade eram recursos. Então, passou a recolher restos de madeira, um dínamo velho de bicicleta, uma hélice de motor de trator e outros objetos que ele encontrava pelo caminho. Assim, iniciou o solitário processo de construção. Obviamente, o pessoal da aldeia achava que ele tinha ficado maluco. E o resultado daquela primeira experiência foi um moinho improvisado, com poder suficiente para acender quatro lâmpadas e fazer dois rádios funcionarem. Quatro lâmpadas e dois rádios? Uma revolução para aquela comunidade.

O vilarejo havia recebido como doação uma bomba elétrica para água, que nunca fora usada por falta de eletricidade. William partiu

"LOGO ELE PERCEBEU QUE MUITAS COISAS CONSIDERADAS COMO LIXO NA VERDADE ERAM RECURSOS."

para a construção de um segundo moinho, ao qual instalou a bomba e, pela primeira vez, os moradores ganharam água potável. Com outro moinho, começou a bombear água e a irrigar a roça da família. As transformações foram acontecendo com familiares, amigos e a comunidade. A novidade se espalhou e modificou a realidade de modo surpreendente.

Sua família e sua comunidade não sofriam mais com a seca. Ao contrário, agora que havia água potável, as lavouras estavam sendo irrigadas e a fome se perdia de vista no passado, um horizonte radicalmente diferente daquele vivido por seu pai se desenhava. E toda essa transformação havia sido provocada por ele, um adolescente carente que vivia em uma região rural de um dos países mais pobres do mundo.

O mais surpreendente é que durante muitos anos as pessoas dali foram castigadas de maneira implacável, embora a solução já estivesse à disposição, porém sem que ninguém a visse.

Os moinhos de vento do adolescente pobre do Malaui mudaram vidas. Um dos jornais mais importantes do mundo fez uma matéria sobre ele. O garoto, que pouco tempo antes sofria sem esperança, passou a participar de importantes conferências internacionais ao lado de personalidades, como o ex-presidente norte-americano Bill Clinton, e a discutir questões globais com grandes líderes políticos.

Estudou e se formou em Hanover, nos Estados Unidos. Sua história virou um filme e um livro que se tornou leitura obrigatória em diversas universidades. Ele foi considerado uma das trinta pessoas com menos de trinta anos que estão mudando o mundo. Um resultado bem diferente daquele que havia projetado inicialmente, ao observar o triste caminho que vinha sendo trilhado havia gerações.

A equação que ele precisava resolver, e resolveu, mas que todos consideravam impossível, era a seguinte: de que maneira podemos, mesmo sem dispor de recursos financeiros ou tecnológicos, em um curto espaço de tempo, prover energia elétrica gratuita para que a população de um dos países mais pobres do mundo possa bombear água e livrar-se da seca?

Pessoas sofreram com a fome e outras até morreram, mas estavam diante da alternativa mais do que suficiente para evitar tudo isso. Uma saída simples, de aplicação imediata, que não custou nada, bem ao alcance das mãos e com potencial de mudar não apenas o seu vilarejo ou o seu país, mas também a vida de quase um bilhão de pessoas no mundo que ainda são atingidas pelo mesmo problema. Tudo já estava lá, mas apenas William viu a saída que mudou muitas vidas, inclusive a dele próprio.

O que marca essa e outras histórias que conheceremos aqui não é apenas o fato de que William atingiu um resultado exponencial por meio de uma inovação frugal. Tampouco é a reviravolta que aconteceu na sua vida e na sua comunidade. A principal lição que podemos extrair de sua história é o fato de que todas essas mudanças aconteceram em função de ele ter percebido um tesouro – o vento – que sempre esteve naquela comunidade. Um tesouro abundante, gratuito e disponível para quem quisesse usar. Ao perceber esse recurso, disponível para todos, William viu a oportunidade de transformar o seu mundo. Estava ali, ao alcance das mãos, um ativo valioso, óbvio e ignorado.

Como afirmou o sociólogo italiano Domenico de Masi, inúmeras maçãs caíram na cabeça de várias pessoas, mas só Newton soube deduzir a Teoria da Gravidade. É justamente disto que este livro trata: fazer com que você perceba as maçãs – as oportunidades – que estão caindo na sua cabeça neste exato momento para que você realize as transformações que tanto busca; ajudá-lo a ver o óbvio que pode estar sendo ignorado.

São muitos os programas, os especialistas e os métodos que ensinam sobre como trabalhar a alta performance e obter resultados excelentes. Mas isso nem sempre nos leva aos resultados que buscamos e nem sempre traz a solução de que urgentemente precisamos e que parece não existir no mundo em que vivemos.

Depois de tantos treinamentos, após tantos anos estudando formas de impulsionar o meu potencial, na universidade e na pós-graduação, depois de ler tantos livros de tantos gurus diferentes, a resposta que eu buscava para a minha vida veio de uma aposentada catarinense, a quem eu viria a conhecer pessoalmente algum tempo depois. A lição mais importante que aprendi sobre oportunidades e como percebê-las para criar transformações significativas não veio de nenhum guru do mundo dos negócios, nem de tantos diplomas. Veio de uma pessoa comum, uma senhora que tinha uma meta aparentemente impossível.

Em 2002, conheci o trabalho que ela vinha desenvolvendo. Aquilo chamou muito a minha atenção, porque ela tinha atingido um resultado que, no meu ponto de vista, era improvável de se conseguir, levando-se em conta as poucas condições favoráveis.

Ela queria acabar com a mortalidade infantil em famílias carentes, causada por desnutrição e desidratação. Para isso, parecia lógico que seria preciso dinheiro, alimentos, medicamentos, assistência médica etc. Só que ela não tinha nada disso e precisava resolver o problema do mesmo jeito.

Sob essas condições, esse é um problema aparentemente sem solução.

Uma missão que a princípio parecia ser impossível, assim como era a de William. Porém, Zilda Arns tinha algo que fez toda a diferença: um modo de pensar muito especial e que costumo chamar de Modelo Mental de Oportunidades, ou *Mindset* de Oportunidades. Trata-se de uma forma mais evoluída de olhar para o mundo, voltada para identificar oportunidades que já temos, mas não percebemos e, com isso, vencer desafios que parecem insuperáveis. Ela não pensava da forma como normalmente pensamos ao olharmos para os nossos problemas, porque sabia que, se continuasse se concentrando naquilo que faltava, o problema permaneceria sem solução.

Foi justamente o que me fascinou naquela senhora. Ela não tinha nada daquilo que poderia ser considerado necessário e imprescindível (dinheiro, alimentos, doações, assistência médica, medicamentos), mas sabia que havia alguma forma de salvar aquelas crianças. Para complicar ainda mais, ela não aceitava que a saída viesse de donativos, porque isso faria com que as comunidades carentes se tornassem cada vez mais dependentes da ajuda de terceiros. Não! Ela queria que essas pessoas resolvessem o problema com as próprias mãos, o que tornava ainda mais difícil encontrar uma alternativa viável, já que havia tantas limitações.

Com esse objetivo na cabeça e com a mente aberta aos recursos que poderiam estar disponíveis, iniciou uma busca de alternativas e, assim como o jovem adolescente, prestou atenção a uma série de recursos que ninguém via, mas que já estavam lá, nas próprias comunidades carentes em que as crianças viviam. Passou a olhar mais para folhas de plantas que as pessoas enxergavam como mato, mas que na verdade tinham alto valor nutricional. Ou para o pó da casca do ovo, para a semente de abóbora e para o pó da folha de mandioca, torrados e triturados; para as cascas de maracujá e tantos outros ingredientes que eram jogados no lixo. Quando tratados e combinados, esses ingredientes se transformaram em uma multimistura de alto valor nutricional, uma espécie de farinha para fazer bolos, broas, tortas, papinhas, esfihas, patês, sucos e chás. Ali estavam alimentos que poderiam ser usados em quantidades mais do que suficientes para resolver o problema básico da desnutrição severa em que aquelas crianças se encontravam. E quanto à desidratação? O mais simples, básico e eficiente soro caseiro: um copo com água, uma pitada de sal e duas colheres de açúcar. Pronto. E assim, sem gastar nada a mais e em um curto espaço de tempo, essa catarinense chamada Zilda Arns reduziu em 90% a mortalidade infantil. E, não menos importante, o fez sem deixar as comunidades dependentes de ajuda externa. Um resultado que aparentava ser inatingível.

O programa de Zilda Arns foi exportado para diversos países do mundo e salvou milhões de crianças. Ela mesma foi indicada duas vezes ao Prêmio Nobel da Paz. Um verdadeiro resultado exponencial, obtido a partir de recursos disponíveis, mas antes ignorados, a partir daquilo que se dispunha, mas em que ninguém prestava atenção. Mais uma vez, tudo estava lá, mas estava invisível. Era óbvio, mas ninguém via.

Os exemplos de William e de Zilda me fizeram lembrar de uma história de Nilton Bonder que gosto muito de mencionar, extraída do livro *O segredo judaico de resolução de problemas.*

CONTA-SE DE UM INCIDENTE OCORRIDO DURANTE A IDADE MÉDIA, QUANDO UMA CRIANÇA DE UM LUGAREJO FOI ENCONTRADA MORTA. IMEDIATAMENTE ACUSARAM UM JUDEU DE TÊ-LA ASSASSINADO, E ALEGARAM QUE A VÍTIMA FORA USADA PARA A REALIZAÇÃO DE RITUAIS MACABROS. O HOMEM FOI PRESO E FICOU DESESPERADO. SABIA QUE ERA UM BODE EXPIATÓRIO E QUE NÃO TERIA A MENOR CHANCE EM SEU JULGAMENTO. PEDIU, ENTÃO, QUE TROUXESSEM UM RABINO COM QUEM PUDESSE CONVERSAR. E ASSIM FOI FEITO.

AO RABINO LAMURIOU-SE, INCONSOLÁVEL PELA PENA DE MORTE QUE O AGUARDAVA; TINHA CERTEZA DE QUE FARIAM DE TUDO PARA EXECUTÁ-LO. O RABINO O ACALMOU E DISSE:

— EM NENHUM MOMENTO ACREDITE QUE NÃO HÁ SOLUÇÃO. QUEM TENTARÁ VOCÊ A AGIR ASSIM É O PRÓPRIO SINISTRO, QUE QUER QUE VOCÊ SE ENTREGUE À IDEIA DE QUE NÃO HÁ SAÍDA.

— MAS O QUE DEVO FAZER? — PERGUNTOU O HOMEM, ANGUSTIADO.

— NÃO DESISTA E LHE SERÁ MOSTRADO UM CAMINHO INIMAGINÁVEL.

CHEGADO O DIA DO JULGAMENTO, O JUIZ, MANCOMUNADO COM A CONSPIRAÇÃO PARA CONDENAR O POBRE HOMEM, QUIS AINDA ASSIM FINGIR QUE LHE PERMITIRIA UM JULGAMENTO JUSTO E UMA OPORTUNIDADE PARA DEMONSTRAR SUA INOCÊNCIA. CHAMOU-O E DISSE:

— JÁ QUE VOCÊS SÃO PESSOAS DE FÉ, VOU DEIXAR QUE O SENHOR CUIDE DESTA QUESTÃO. EM UM PEDAÇO DE PAPEL VOU ESCREVER A PALAVRA "INOCENTE" E, EM OUTRO, "CULPADO". VOCÊ ESCOLHERÁ UM DOS DOIS E O SENHOR DECIDIRÁ O SEU DESTINO.

O ACUSADO COMEÇOU A SUAR FRIO, SABENDO QUE AQUILO NÃO PASSAVA DE UMA ENCENAÇÃO E QUE O CONDENARIAM DE QUALQUER MANEIRA. E TAL QUAL PREVIRA, O JUIZ PREPAROU DOIS PEDAÇOS DE PAPEL QUE CONTINHAM A INSCRIÇÃO "CULPADO". NORMALMENTE SE DIRIA QUE AS CHANCES DO ACUSADO ACABAVAM DE CAIR DE 50% PARA RIGOROSAMENTE 0%. NÃO HAVIA NENHUMA CHANCE ESTATÍSTICA DE QUE ELE VIESSE A RETIRAR O PAPEL CONTENDO A INSCRIÇÃO "INOCENTE", POIS ELE NÃO EXISTIA.

O POBRE HOMEM, ASSIM COMO WILLIAM E ZILDA ARNS, ESTAVA DIANTE DE UM DESAFIO COM SOLUÇÃO IMPROVÁVEL, DIANTE DE UMA EQUAÇÃO IMPOSSÍVEL. SEGUNDO A MENTALIDADE TRADICIONAL, ELE NÃO TERIA A MENOR CHANCE DE SAIR DAQUELA SITUAÇÃO. NA VERDADE, A SAÍDA ERA ÓBVIA DEMAIS PARA SER PERCEBIDA.

LEMBRANDO-SE DAS PALAVRAS DO RABINO, O ACUSADO MEDITOU POR ALGUNS INSTANTES E, COM UM BRILHO NOS OLHOS, AVANÇOU POR SOBRE OS PAPÉIS, ESCOLHEU UM DELES E IMEDIATAMENTE O ENGOLIU. TODOS OS PRESENTES PROTESTARAM:

— O QUE VOCÊ FEZ? COMO VAMOS SABER AGORA QUAL O DESTINO QUE LHE CABIA?

MAIS QUE PRONTAMENTE, ELE RESPONDEU:

— É SIMPLES. BASTA OLHAR O QUE DIZ O OUTRO PAPEL, E SABEREMOS QUE ESCOLHI SEU CONTRÁRIO.

DESCOBRIMOS, ENTÃO, QUE A CHANCE DE 0% ERA VERDADEIRA APENAS PARA OS LIMITES IMPOSTOS PARA UMA DADA SITUAÇÃO. COM UM POUCO DE SAGACIDADE E EM UM MOMENTO DE NECESSIDADE, FOI POSSÍVEL RECRIAR UM CONTEXTO EM QUE AS CHANCES DO ACUSADO DE SUPERAR A ADVERSIDADE SALTARAM DE 0% PARA 100%. OU SEJA, A SIMPLES RECONTEXTUALIZAÇÃO DA MESMA SITUAÇÃO PERMITIU A REVIRAVOLTA DA REALIDADE.

Mais uma vez, um problema aparentemente insolúvel foi resolvido por uma solução simples, que estava, literalmente, ao alcance das mãos. Bastou um novo olhar para notar as possibilidades que já estavam ali, prontas para serem usadas. É justamente o que pessoas comuns ao redor do mundo estão fazendo para transformá-lo: tornam o que parece impossível em algo plenamente possível.

Então, qual é o segredo que reúne, em um mesmo grupo, uma aposentada brasileira, um adolescente de um povoado que vive na miséria, um estudante recém-formado com a grana contada, um alto executivo de uma grande empresa e tantas outras pessoas que criaram grandes transformações, mesmo quando a maioria dizia que o objetivo que eles perseguiam era improvável?

Como veremos nos próximos capítulos, todos eles, e tantos outros mais, atingiram resultados impressionantes, grandiosos e, para isso, perceberam oportunidades e alternativas disponíveis e ignoradas pelos demais – eles estavam atentos aos recursos e saídas que pareciam invisíveis. Enquanto o resto do mundo não deu atenção ao tesouro que tinha em mãos, eles o agarraram e promoveram as transformações que buscavam nas mais diversas áreas, inclusive no mundo dos negócios.

Pensando mais a fundo sobre esses exemplos maravilhosos, iniciei uma busca por pessoas e empresas que fizeram o mesmo: atingiram resultados considerados improváveis e, para isso, utilizaram os denominados ativos invisíveis – oportunidades, alternativas, recursos ou saídas – que já estavam à disposição de todos, mas que somente elas viram para criar impressionantes e positivas transformações enquanto a maioria das pessoas e empresas simplesmente ignoraram tudo isso.

Desde então, nos últimos quase vinte anos venho estudando essas pessoas e organizações de diversos lugares do mundo que venceram grandes desafios e deram saltos impressionantes nas mais diversas áreas. Por que apenas eles conseguiram? Qual é o segredo que os levou a perceber as maçãs que estavam caindo em suas cabeças? Por que as outras pessoas simplesmente não conseguem ver essas maçãs? O que é possível fazer para que cada vez mais pessoas possam acessar esse conhecimento? Essas são algumas das perguntas que me movem.

Avançando com minha busca, percebi que essas pessoas e empresas com realidades normalmente bastante diferentes, muitas vezes, de forma inconsciente, seguiram um método, uma nova fórmula que as levaram a criar essas grandes transformações e a atingir seus objetivos. Sim, havia um padrão que levou esse grupo a descobrir uma maneira de transformar zero em 100%, identificando alternativas incríveis onde as demais não encontravam saídas. Uma fórmula que transformava pessoas que viam terras devastadas em pessoas que viam, nos mesmos lugares, tesouros. Acredito ardentemente que podemos desenvolver a capacidade de distinguir as minas de ouro que já temos nas mãos e que esse *mindset* é acessível a qualquer pessoa. Ao despertar a atenção das pessoas para alguns aspectos e seguir um método, é possível abandonar o olhar voltado para a escassez e dar lugar a um campo de visão muito mais amplo e revelador das oportunidades e recursos que já temos, mas não vemos.

Durante minha busca, procurei "catalogar" as saídas espetaculares que as pessoas e organizações encontraram para seus desafios, segundo a lógica que agora apresento. Também pretendo demonstrar que o uso dessas alternativas é suficiente para dar grandes saltos de desempenho. A percepção dessas saídas é o grande diferencial que substitui o sentimento de que "não há saída" por outro: "quantas saídas!". Desta forma, você também pode obter resultados exponenciais nas mais diversas áreas.

O método apresentado neste livro pode ser utilizado por essas pessoas, empresas, cidades e até países para dar saltos, levando-as a descobrir esses inúmeros ativos invisíveis, as oportunidades, alternativas, saídas e recursos para grandes desafios. De pessoas comuns a grandes instituições de renome internacional: todas estão aptas a aplicar essas ideias e estão fazendo justamente isso neste momento para desenvolver o *Mindset* da Oportunidade. Você pode ver maçãs (oportunidades) que estão caindo na sua cabeça neste exato momento.

Como são essas oportunidades? Por que tanta gente anda de olhos fechados para elas? O que fazer para mudar essa história? Essas são apenas algumas perguntas que iremos responder.

Você entenderá que essas pessoas, que muitos consideram "sortudas" ou "iluminadas", na verdade não seguiram nenhum guru. Muitas delas não fizeram MBA's, não falam cinco idiomas, nada disso. O que explica tantas pessoas de sucesso capazes de transformar o mundo sendo que várias delas não receberam sequer educação especial? Elas apenas ampliaram seu campo de visão para ver o que as outras ignoram. Enquanto as primeiras evoluíram sua mentalidade e estão desfrutando os benefícios dessa evolução, ainda há muitas que permanecem presas ao *Mindset* da Escassez. Percorrem um caminho estreito e estão pagando um alto preço por isso. Confirmando o que disse Dee Hock, o fundador da Visa, uma das maiores empresas do mundo: "Tudo o que não consegue evoluir é castigado".[1]

É disso que trata o Modelo Mental de Oportunidades, ou Mindset de Oportunidades, que você vai conhecer agora: trata-se de mudar a maneira como olhamos para as mesmas coisas que já existem no nosso dia a dia e encontrar soluções e recursos incríveis, que somente aqueles que conquistam o sucesso são capazes de enxergar.

POR QUE MUITAS VEZES NÃO CONSEGUIMOS ATINGIR OS RESULTADOS QUE BUSCAMOS?

Com base em todos os casos de uso de "recursos invisíveis" que encontrei e que fui catalogando, as perguntas que passaram a me visitar cada vez com mais frequência foram:

Será que nós também não estamos em cima das soluções de que tanto precisamos, na vida pessoal, no trabalho e no mundo dos negócios?

Poderíamos estar classificando nossos desafios mais complexos como "impossíveis" quando, na verdade, podemos torná-los plenamente possíveis se formos capazes de ver esses ativos, as alternativas e recursos que já estão disponíveis, mas que ignoramos?

Estaríamos nós sofrendo com problemas, "abraçados" às saídas que resolveriam a questão?

Uma vez conhecendo o segredo dessas pessoas, aprendendo a ver o que elas viram, poderíamos usar esse conhecimento em nossos projetos pessoais, profissionais, no mundo dos negócios e na vida?

Será que a reviravolta que tanto buscamos e merecemos é muito mais acessível do que imaginamos?

Será que essas saídas são reservadas somente aos gênios e aos iluminados ou haveria uma maneira simples de perceber as oportunidades que tanto buscamos e merecemos para criar as mudanças com as quais sonhamos?

Muitas vezes as pessoas não encontram saídas para os seus desafios, tanto pessoais, quanto no trabalho e no mundo dos negócios. E isso acontece porque ignoram uma nova fonte de recursos na qual poderiam buscar alternativas.

O que acontece na maioria dos casos é que as pessoas estão sendo atingidas, sem perceber, por um Modelo Mental de Escassez, uma mentalidade em que as pessoas acreditam que as oportunidades e alternativas são escassas. Uma crença que se concentra naquilo que falta e não naquilo de que já dispomos e que age sobre indivíduos, empresas e sociedades.

Há um ditado polinésio que diz: "Cuidado. Você pode estar em cima de uma baleia, mas pescando carpas miúdas". A baleia é a abundância de oportunidades, de recursos e de alternativas de que precisamos para concretizar nossos projetos mais ousados. As carpas miúdas são o sentimento de escassez, de que a vida é difícil, de que o mercado é cruel. O que fica dessa situação é o sentimento de que não há saída. Por mais que se procure, tudo o que se vê é um deserto, uma terra devastada e sem recursos.

Convido você a pensar sobre esta questão: já lhe ocorreu que, em todas essas situações em que você não atingiu determinado objetivo, o diferencial que faltou para mudar o mundo – inclusive o seu – pode ter sido justamente a sua capacidade de ver as oportunidades?

MUITAS VEZES, OS OBSTÁCULOS QUE ENFRENTAMOS PARECEM MESMO SER INTRANSPONÍVEIS. POR EXEMPLO, ANALISE OS SEGUINTES DESAFIOS:

VOCÊ PODE VER MAÇÃS (OPORTUNIDADES)
QUE ESTÃO CAINDO NA SUA CABEÇA NESTE EXATO MOMENTO.

COMO CRIAR UMA UNIVERSIDADE PARA PESSOAS CARENTES,
EM UMA REGIÃO DESÉRTICA, SEM DISPOR DE RECURSOS FINANCEIROS?

COMO RECUPERAR, DE FORMA RÁPIDA, ÁREAS ATINGIDAS POR
VAZAMENTO DE PETRÓLEO NO MAR, CORRIGINDO DANOS AMBIENTAIS
CATASTRÓFICOS E AO MESMO TEMPO ECONOMIZAR BILHÕES DE DÓLARES?

COMO ENSINAR CRIANÇAS EM REGIÕES RURAIS DE PAÍSES CARENTES
NOS QUAIS NÃO HÁ ESCOLAS NEM PROFESSORES?

COMO PODEMOS, EM UM CURTO ESPAÇO DE TEMPO, SEM REALIZAR
GRANDES INVESTIMENTOS, MANTER A LIDERANÇA DE MERCADO EM UM AMBIENTE
DE AUMENTO DA COMPETIÇÃO E SEM PRECISAR ENTRAR EM UMA GUERRA DE PREÇOS?

COMO É POSSÍVEL, PARA UMA MÉDIA EMPRESA, REVERTER A ESPIRAL
NEGATIVA DE RESULTADOS QUE LEVARAM À REDUÇÃO DE CAIXA
E A DEMISSÕES, SEM, PARA TANTO, REALIZAR INVESTIMENTOS FINANCEIROS?

COMO UMA GRANDE REDE DE SUPERMERCADOS PODERIA
VER SEUS RESULTADOS SE MULTIPLICAREM SEM REALIZAR GRANDES INVESTIMENTOS
OU ABRIR NOVAS LOJAS, MESMO DIANTE DE CLIENTES QUE NÃO TÊM INTERESSE,
TEMPO E DISPOSIÇÃO PARA IR ÀS COMPRAS?

COMO TER ÓTIMOS RESULTADOS, MESMO PRATICANDO OS MENORES PREÇOS
E SALÁRIOS POSSÍVEIS, SEM QUE CAIA A QUALIDADE DO SERVIÇO PRESTADO,
A PRODUTIVIDADE E A SATISFAÇÃO DOS FUNCIONÁRIOS E, AINDA POR CIMA,
ALÉM DE TUDO ISSO, SER RECONHECIDA COMO UMA DAS EMPRESAS
MAIS SEGURAS E RENTÁVEIS EM SUA ATIVIDADE?

COMO, DE FORMA SIMPLES E RÁPIDA, LIVRAR PAÍSES AFRICANOS DAS MAIS DE
40 MILHÕES DE MINAS TERRESTRES HERDADAS DE PERÍODOS DE GUERRA, SEM DEPENDER
DE AJUDA INTERNACIONAL E SEM DESPENDER GRANDES RECURSOS FINANCEIROS?

COMO ACABAR COM A POBREZA EXTREMA NO MUNDO ATÉ O ANO DE 2030?

Esses, entre muitos outros, são exemplos de problemas aparentemente de difícil solução – muitos diriam até que impossíveis de serem solucionados. Eles poderiam levá-lo a pensar: "Dá um tempo!", mas, na realidade, foram ou estão sendo viabilizados por pessoas comuns, que descobriram uma forma diferente de olhar as mesmas coisas.

Então, pense sobre isto: é possível, e até mesmo provável, que neste exato momento você esteja perdendo oportunidades. Elas podem estar bem diante dos seus olhos, ao alcance das suas mãos, mas você não está percebendo.

CHARADA
Resposta na página 33

Como aumentar os salários dos seus funcionários sem gastar um centavo a mais com isso?

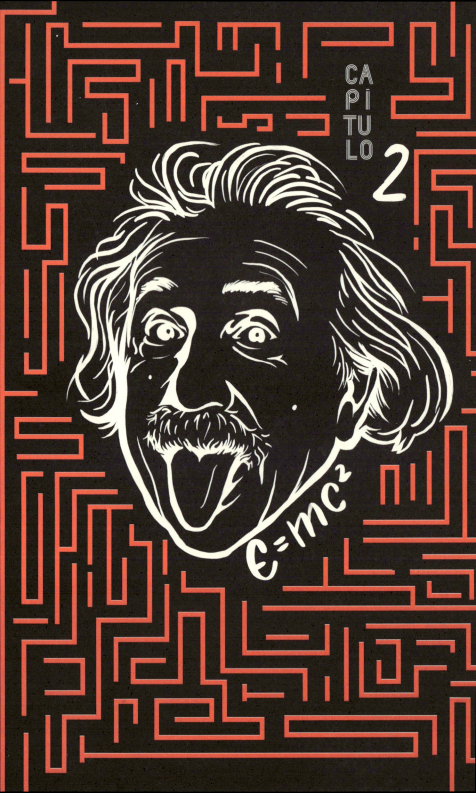

QUANDO SEUS ESFORÇOS NÃO GERAM OS RESULTADOS QUE VOCÊ DESEJA

Provavelmente você já se deparou com situações e desafios para os quais não conseguiu visualizar saídas. Normalmente, quando isso acontece, seu objetivo é tachado de impossível e é esquecido ou abandonado, e a energia que o move a mudar o mundo acaba ali mesmo. "Deixa pra lá!", é o pensamento conformista mais comum. Ou quem sabe você já assistiu a pessoas menos talentosas, menos qualificadas e menos competentes se destacando em algum momento, obtendo avanços significativos, o que o levou a questionar o próprio senso de competência. Ou, por fim, passou a acreditar que existe um pequeno número de pessoas para as quais tudo dá certo, enquanto, para a maioria, as coisas são difíceis e desconexas embora empreguem o melhor dos seus esforços. O pensamento de que alguns nasceram para criar as transformações que buscam, mas não você...

Talvez você já tenha enfrentado, ou até mesmo esteja enfrentando, situações em que seus esforços parecem não levar aos resultados que busca. Muitas vezes, até parece que as oportunidades de que precisa para promover mudanças relevantes existem apenas para os outros. E, possivelmente, são bastante comuns aqueles momentos em que uma pergunta crucial visita seus pensamentos: "O que estou fazendo de errado?".

É possível culpar a crise pelas dificuldades, ou mesmo o mercado implacável, os políticos... No entanto, será mesmo que não há nada que você possa fazer para mudar essa história?

Provavelmente, em algum momento da sua vida, em maior ou menor grau, você já experimentou a crença de que não era possível encontrar saídas para os desafios no trabalho ou na vida pessoal ou em projetos ainda mais abrangentes. Ficou aquela sensação de que as competências que tinha não eram suficientes para conquistar aquilo que você buscava, ainda que essas competências, na realidade, já estivessem presentes. Uma série de pensamentos do tipo: "Mudar o mundo? Que nada! Não consigo sequer mudar a minha própria realidade".

É até possível que, embora você dê o melhor de si, dedique-se com afinco aos seus projetos e objetivos, acorde cedo todos os dias, aja com responsabilidade, você não consiga subir a escada da vida da maneira como gostaria. Mesmo sabendo que é capaz, a sua busca por alternativas não tem mostrado resultado e muitas vezes lhe falta esperança e energia. Você produz muito movimento e muita atividade, e isso exige muito esforço, mas mesmo assim não colhe os resultados que persegue. Quem sabe você pode até estar obtendo alguns resultados positivos, mas sabe que poderia chegar muito mais longe e transformar muito mais.

Ao mesmo tempo, você assiste a pessoas que se destacam "facilmente" tendo sacadas geniais e criando as mudanças que buscam. E isso o leva a se sentir atraído pela ideia de que deve existir um pequeno grupo de pessoas, os chamados "embriões sortudos", alguns iluminados que nasceram "virados para a lua", já que para eles a vida é rica em oportunidades e recursos, um oceano de possibilidades. São capazes de grandes feitos. E enquanto esse pequeno grupo está vivendo a vida que sempre sonhou, para você e para a maioria as coisas são complicadas, difíceis. Em vez de produzir as mudanças, estão sofrendo as mudanças.

São coisas como essas que nos levam a perguntar: "Onde é que estou errando?". "Por que não alcanço o sucesso que busco?". Também podem vir pensamentos do tipo: "A vida não sorriu para mim". Normalmente, a etapa seguinte é a frustração, a desistência ou a busca por culpados pelo seu insucesso: a falta de apoio, a economia, os concorrentes, o chefe, o mundo. Pode, ainda, ser seduzido por algumas ideias do tipo: "Tenho que passar em um concurso público para ter estabilidade"; "Não dá para ser empresário no Brasil"; "Uma profissão é para o resto da vida"; "Estudar, trabalhar e se aposentar: essa é a dinâmica da vida", entre outras.

Não se preocupe. Você não está sozinho nessa angústia e a luta não está perdida. Existe uma maneira de mudar essa história.

A boa notícia é que podemos mudar a situação a nosso favor e que as oportunidades não desaparecem, apenas mudam de lugar. É bem provável que as soluções de que você tanto precisa para os seus desafios já estejam disponíveis, bem ao alcance das suas mãos, diante dos seus olhos, prontas para serem usadas, mas você ainda não as viu ou talvez esteja olhando para o outro lado, exatamente como acontece com a maioria das pessoas.

E a notícia fica ainda melhor quando eu afirmo, sem medo de errar, que a maioria dessas oportunidades são abundantes, muitas vezes gratuitas (ou custam muito pouco), são amplamente disponíveis, simples e que, se usadas devidamente, farão com que você dê um salto no seu desempenho. Esse patrimônio é seu, está disponível, acessível e basta que você o use. Como veremos, essa sua mina de ouro vai muito além do reaproveitamento de materiais, como fizeram William e Zilda. Ela implica descobrir ativos que você não sabia que tinha. Aquela sensação de achar dinheiro no bolso de uma roupa que você não usava havia tempo.

São os ativos invisíveis.

Em contabilidade, "ativo" é um termo utilizado para expressar os bens, valores, créditos, direitos e assemelhados que formam o patrimônio de uma pessoa ou organização. Você conhece alguns deles: a sua casa, o seu carro, o dinheiro que você tem no banco, enfim, tudo aquilo que é seu. Ninguém questiona o valor desse patrimônio porque ele é tangível, concreto, convencional. São os seus ativos visíveis. Mas você também tem uma série de outros ativos que muitas vezes não são percebidos com clareza, justamente por não serem tão visíveis, concretos ou convencionais quanto aqueles que você foi ensinado a observar. São tesouros incríveis, mas que poucos percebem, embora estejam por toda parte. São os denominados ativos invisíveis, um patrimônio que também é seu e o qual você pode usar.

Enquanto a maioria das pessoas e organizações estão prestando atenção nos ativos visíveis para promoverem as transformações que buscam e, nessa hipótese, o máximo que se obtém são resultados lineares, há um grupo de pessoas e empresas que realiza mudanças exponenciais e resolve desafios voltando suas atenções para os ativos invisíveis, uma rica e generosa fonte de oportunidades antes ignorada.

O MOMENTO EURECA

O estadista, primeiro-ministro britânico e Prêmio Nobel de literatura Winston Churchill disse certa vez: "Há um momento especial que acontece na vida de toda pessoa, o momento para o qual ela nasceu. Quando aproveitada, essa oportunidade extraordinária faz com que a pessoa cumpra sua missão – uma missão para a qual somente ela tem as qualificações necessárias. Nesse momento, a pessoa encontra a grandeza. Esse é o seu mais maravilhoso instante".[2]

Isso é o que eu chamo de "momento eureca", que é quando a pessoa tem aquele lampejo de consciência que transforma o sentido da sua vida totalmente.

Meu momento eureca aconteceu quando eu tinha 27 anos e ocupava um cargo médio em uma grande empresa brasileira. Era uma quinta-feira, 25 de julho. Estava sentado ao lado de quase cem pessoas que, assim como eu, participavam de um treinamento oferecido por uma organização chamada Amana-Key, idealizada por um líder inspirador, Oscar Motomura, que busca fazer a diferença e mudar o mundo. Ele criou os termos equações impossíveis e ativos invisíveis, os mesmos com os quais você ficará bastante familiarizado a partir de agora.

Nesse treinamento, conhecemos o trabalho de Dona Zilda Arns, que fez as coisas mudarem para mim. Como falamos anteriormente, ela tinha atingido um resultado inacreditável, que na época eu consideraria impossível. Ela ajudou a salvar da morte estúpida, por desnutrição e desidratação, milhares de crianças carentes, em um curto espaço de tempo, sem dispor dos recursos tradicionalmente necessários.

"Não dá!". Foi o que eu pensei de início. Sob essas condições, aquele era um problema aparentemente sem solução, muito menos uma solução rápida. Mas, mesmo diante de um desafio monumental, ela decidiu adotar uma abordagem diferente. E fez acontecer. O que parecia impossível, tornou-se possível e ela modificou a realidade de modo impressionante.

"Você viu? Você viu o que ela fez?". Disparei surpreso, assim como uma criança que acabara de ver um truque de mágica extraordinário. Fiquei obcecado pela possibilidade de conhecer melhor o segredo que estava por trás desse "truque" aplicado por Zilda Arns e por outras pessoas ao redor do mundo que, assim como ela, tivessem resultados exponenciais a partir da capacidade de ver oportunidades e alternativas que eram acessíveis e simples, porém ignoradas. Tempos depois, ao conhecê-la pessoalmente, ela me disse com sua voz suave e doce: "A solução já estava lá, no mesmo lugar onde ocorria o problema".

Fiquei ainda mais feliz ao perceber que esse conhecimento é algo que qualquer pessoa pode acessar. O grupo é eclético: aposentados, donas de casa, homens de negócio, professores... Tem de cabeleireiro a comandante de navio.

Sabe o que essas pessoas têm em comum? A capacidade de usar o Modelo Mental da Oportunidade para ver o que nem todo mundo viu, para realizar o que ninguém realizou. Simplesmente recorrendo a valiosos "ativos" existentes e disponíveis, mas que para os demais permaneciam "invisíveis", atingiram resultados inimagináveis, nas mais diversas áreas. No mesmo lugar em que a maioria não conseguia ver nada além de um imenso vazio, esse grupo viu tesouros.

Ao me dar conta disso, esse foi o meu momento eureca, algo que mudou para sempre a minha vida.

Certamente você também já teve os seus momentos eureca. Procure relembrá-los. Relembre também os momentos eureca que teve durante a sua infância. Este livro tem a pretensão de tornar momentos como esses cada vez mais frequentes em sua vida.

CHARADA

Como aumentar os salários dos seus funcionários sem gastar um centavo a mais com isso?

Hipótese: já pensou em utilizar a verba destinada ao pagamento dos salários de pessoas que estão se aposentando (deixando, portanto, a folha de pagamento) para elevar os salários dos demais funcionários?

MINDSET DA ESCASSEZ: FARINHA POUCA, MEU PIRÃO PRIMEIRO

No fim do século XVIII, o economista Thomas Robert Malthus inaugurou formalmente a era do *Mindset* da Escassez quando chegou à conclusão de que "enquanto a produção de alimentos se expandia linearmente, a população crescia exponencialmente" levando a um ponto em que não seria possível alimentar a todos. A partir de então, uma série de estudos econômicos ecoaram essa mesma visão, disseminando a ideia de que "o poder da população é indefinidamente maior do que o poder da Terra de produzir subsistência para o homem".[3] Essa mentalidade chegou até os dias atuais e se consolidou no cerne do pensamento econômico como sendo uma "ciência social que consiste em fazer escolhas em um ambiente de escassez". Resumindo: a escassez passou a ser um importante influenciador sobre nossas ações e decisões. Precisamos fazer escolhas em um ambiente de possibilidades limitadas e recursos finitos. Eis o Modelo Mental da Escassez que impacta diretamente em nossa capacidade de percepção e nos leva a ditados populares do tipo: "farinha pouca, meu pirão primeiro".

O *Mindset* da Escassez se concentra naqueles mesmos ativos visíveis sobre os quais falamos. Eles são tangíveis, concretos, convencionais e compõem, como vimos, nosso patrimônio de ativos visíveis. Como nos ensinaram até aqui, eles são finitos. Ativos visíveis são escassos, por isso, agir em função do medo de que acabe passou a ser algo normal. De modo que a consequência natural é a constante disputa para obter esse tesouro, não é mesmo? Nessa corrida, quem chegar primeiro bebe água limpa. Os retardatários ficarão sem nada. A lagoa, antes generosa, ficou pequena. O tempo é um inimigo a ser vencido, afinal, tudo fica cada vez mais escasso à medida que o tempo passa, correto? E à medida que o acesso a esse patrimônio fica mais difícil, as pessoas adeptas a essa mentalidade ficam paralisadas, entregam-se ao estado de inação no qual predomina o sentimento de que não há saída, o que atinge fatalmente a capacidade de encontrar alternativas. "Não sobrou nada para mim". "Não tive sorte".

"Já pegaram tudo". Esses são apenas alguns dos sentimentos que acompanham essa situação, transformando grandes perspectivas de mudança em pequenos soluços esquecidos no passado.

A partir desses princípios – dos ativos visíveis e escassos – temos tomado tantas decisões, há tanto tempo. Com base nesse alicerce no qual se baseia o pensamento econômico, fomos bons alunos e aprendemos a lição: buscar e valorizar as escassas oportunidades e alternativas, de preferência antes que outro o faça.

Fomos ensinados a buscar e a valorizar esses ativos, que ficaram gravados em nosso repertório, e que são o que o nosso campo de visão foi treinado a perceber e valorizar. Portanto, é desse universo orientado pelo *Mindset* da Escassez que extraímos as saídas para os nossos mais variados desafios. Elas são seguras e funcionam. Usando essa fonte de alternativas, chegamos até aqui e obtivemos os resultados atuais, para o bem ou para o mal.

Explorando o conteúdo desse nosso patrimônio visível, obtivemos os resultados que temos hoje. Alguns podem achar que evoluímos bastante ao recorrer a essa fonte. E estão certos. Alcançamos progressos significativos. Outros podem achar que ainda precisamos evoluir muito, que ainda somos bastante ineficientes e que é preciso e possível promover mudanças ainda mais significativas.

Segundo especialistas no campo da Biomimética* e do Capitalismo Natural, por exemplo, existe uma assombrosa ineficiência na economia, na qual desperdiçamos 94% daquilo que extraímos da natureza. A proporção de desperdício de produtos duráveis se aproxima de cem para um.[4] Em outras palavras, para outras tantas pessoas, ainda há uma série de mudanças que precisamos viabilizar.

Entretanto, à medida que nossos desafios se tornam mais complexos e que as necessidades por significativas transformações ficam maiores, temos a sensação de que ainda há muito por fazer e, para isso, precisamos contar com novos instrumentos.

Essa mentalidade nos levou a perceber apenas parte do universo de possibilidades, deixando-nos cegos para uma série de outras alternativas. Outro preço que pagamos por aderir cegamente a esse *mindset* pode ter sido alto demais, principalmente se analisarmos o ponto de vista da capacidade criativa de encontrar saídas para problemas cada vez mais complexos e viabilizar mudanças para o mundo cada vez mais interdependente.

---

[*] Ciência que busca se inspirar na natureza para gerar inovações a partir de sua imitação.

> *Richard Barrett – em pesquisa também atribuída usualmente a George Land e Beth Jarman – analisou o nosso índice de criatividade genial à medida que nos tornamos adultos. Enquanto dos três aos cinco anos de idade temos 98% de criatividade genial, a mesma que nos ajuda a perceber oportunidades e encontrar saídas para os nossos desafios, esse índice vai decrescendo de modo que, aos vinte anos de idade – coincidentemente quando encerramos a fase principal da nossa educação formal – restam apenas 2%.*

Se esses dados refletissem uma aplicação financeira, teríamos aplicado cem reais para receber, ao longo de vinte anos, apenas dois reais de volta. E para isso teríamos pagado uma espécie de "taxa de administração" chamada "gastos com educação". Nosso processo educacional fez um trabalho impressionante. O resultado dessa aplicação é desanimador. Talvez por isso Albert Einstein[5] tenha dito que "é um milagre que a curiosidade sobreviva à educação formal",[6] enquanto Peter Diamandis emenda: "Numa cultura tecnológica em rápida mudança e numa economia cada vez mais baseada nas informações, ideias criativas são o recurso derradeiro. No entanto, nosso sistema educacional atual pouco faz para cultivar esse recurso".

Uma pesquisa com quase quinhentos alunos que abandonaram as escolas nos Estados Unidos revelou que "cerca da metade dessas pessoas disseram que deixaram a escola porque as aulas eram enfadonhas e nada tinham a ver com as suas vidas ou aspirações de carreira".[7] Por esse motivo, vemos cada vez mais pessoas trabalhando para mudar esse modelo, como ele próprio ao decidir criar uma universidade. E seguindo esse caminho estão Elon Musk, o criador do carro elétrico Tesla e da empresa aeroespacial SpaceX, que criou também a Ad Astra, uma escola que atende aos desafios criativos da sociedade no futuro e tantos outros.

O que fizeram conosco – e o que provavelmente estamos replicando em nossos filhos – para que a nossa capacidade de perceber soluções criativas para os nossos desafios nos abandonasse de uma forma tão cruel? Por que isso acontece? Naturalmente, existem muitos fatores, e um deles é que criamos filtros demais. Tendo por base o *Mindset* da Escassez, perseguindo os mesmos ativos, começamos a classificar tudo como viável, inviável, possível, impossível. O nosso foco – o raio laser que direciona nossas energias, atenções e ações – esteve viciado por um modelo mental que restringe possibilidades. Como mostram os dados, infelizmente esses filtros roubaram a genialidade da infância tão essencial à vida adulta e à obtenção de mudanças muito mais expressivas.

Sabemos também por que se acumulam tantos casos de personalidades que não se sentiam à vontade na escola e, em seus primeiros anos escolares, recebiam rótulos de "casos perdidos", "medíocres", "burros" por não apresentarem aderência ao regime de educação formal que mata a criatividade. Justamente por perceberem que, quanto melhores fossem suas notas, tanto mais implicaria dizer que mais aderentes estavam à mentalidade da escassez. Boas notas significavam "sim" para esse modelo. Desempenhos ruins eram atribuídos àqueles que não abraçaram esse modelo. Não deveria ser o contrário? Por isso mesmo, vemos acumularem-se críticos desse modelo educacional, que felizmente está em pleno processo de revisão, como foi o caso de Rubem Alves, um dos mais renomados educadores brasileiros, que disparou: "Se você me perguntar como aprendi a ser escritor, não tenho a menor ideia. Não foi na escola, isso eu garanto". Um de seus livros se chama *Fomos maus alunos.*

Por que precisamos desesperadamente recuperar nossas habilidades criativas? Porque é a única saída para criarmos as transformações que buscamos. Criatividade é o principal diferencial em um mundo cada vez mais automatizado e robotizado.

"No nosso mundo desenvolvido", afirma o sociólogo italiano Domenico de Masi em *O ócio criativo*, "o trabalho de execução decresce numa progressão geométrica, enquanto o de tipo criativo cresce – e crescerá – somente numa progressão aritmética" de modo que, em breve, teremos apenas este último como pouco substituível por máquinas.[8] Se não for pela criatividade, como pode o trabalho humano competir com a crescente robotização? Como competir com um robô que, a um custo menor, opera durante sete dias por semana, 24 horas por dia e sem ficar doente ou tirar férias, a não ser atuando criativamente?

A Universidade de Oxford estima: em 2022, robôs desempenharão a tarefa de dobrar roupas; em 2025, lerão um discurso e montarão Legos; em 2026, escreverão um trabalho escolar; em 2027, serão capazes de compor um sucesso musical; em 2030, poderão atuar como vendedores de loja; em 2051, escrever um best-seller e, em 2140, substituir qualquer trabalho humano.[9] Outros especialistas no setor apontam que "estamos a menos de uma década da chegada"[10] desse cenário antes reservado a filmes de ficção. Outra pesquisa, feita pela revista *The Economist*, revela quais profissões correm o risco de serem roubadas por robôs nos próximos anos. Encabeçando essa lista estão operadores de telemarketing, contadores e auditores, vendedores de lojas, corretores de imóveis, entre outras.

Agora, olhe novamente para o gráfico e responda: quem você acredita que tem melhores condições de encontrar as alternativas para promover as mudanças que queremos, os adultos ou as crianças? Sem dúvida, as crianças dispõem de uma capacidade criativa significativamente superior à dos adultos, revelando que, nesse quesito, não são os adultos que têm muito a ensinar, mas o contrário: precisamos permanecer crianças em algumas atitudes se quisermos recuperar a capacidade de ir além do esperado e nos tornarmos mais capazes de ver os ativos invisíveis. Durante a infância, tínhamos uma tela em branco diante de nós e nada nos era impossível, não conhecíamos essa tal escassez e por isso não havia limites.

Se eu lhe pedisse para aprender a usar uma tecnologia totalmente nova, que você nunca viu, em um idioma que você não domina para, sozinho, aprender sobre uma matéria da qual você jamais ouviu falar, o que você acharia desse desafio? "Não dá!" Esse é provavelmente o pensamento que normalmente predominaria entre nós, adultos, mas foi justamente o que crianças carentes de doze anos que vivem em áreas rurais da Índia conseguiram, como veremos. Em outras palavras, nascemos com a capacidade de atingir resultados improváveis, mas, por algum motivo, vamos perdendo essa característica ao longo dos anos, talvez fruto de um árduo e caro processo de catequização em direção ao *Mindset* da Escassez.

Sabendo disso, o professor Cândido de Moura levantou uma hipótese: o que aconteceria se ele pedisse a alunos da 5ª série da escola pública de Ubatuba, São Paulo, onde leciona, para que desenvolvessem e lançassem um satélite no espaço? Isso mesmo: um satélite no espaço. "Não dá!", é a resposta natural que se espera. Uma reação possível seria: "É preciso contar com doutores e especialistas nas mais diversas áreas! Vamos tratar o assunto com seriedade. Crianças não são capazes disso e, se fossem, seria o mais jovem grupo do mundo a fazer tal coisa! Ainda mais em uma escola pública, com limitados recursos e alternativas! Seria mais uma ideia maluca que morreria naturalmente". O que aconteceu, no entanto, foi justamente o improvável: o satélite que elas criaram foi colocado em órbita e elas já se organizam para repetir o feito. Saberemos como elas conseguiram.

Você certamente concordará comigo – e o gráfico confirma – quando afirmo que não resta dúvida de que as crianças são muito mais inteligentes que nós, adultos. Quem tem filhos sabe muito bem do que estou falando. Quem é pai ou mãe desenvolve involuntariamente, todos os dias, diversas competências de gestão para poder lidar com os desafios de educar os filhos. Por isso, costumo brincar dizendo que não é necessário fazer faculdade de Administração, nem MBA, basta ter filhos! Quem tem filhos e é um bom pai ou uma boa mãe deveria ser promovido mais rápido:

– QUAL É A SUA FORMAÇÃO?
    – FIZ UM CURSO DE ORIGAMI.
– QUANTOS FILHOS TEM?
    – TRÊS.
– SEUS FILHOS SÃO FELIZES?
    – SÃO.
– TÁ PROMOVIDO: DIRETOR DE ASSUNTOS ESTRATÉGICOS!
– ALGUM DOS SEUS FILHOS É ADOLESCENTE?
    – SIM, UM DELES.
– ELE SE SENTE BEM POR SER SEU FILHO?
    – TUDO ME DIZ QUE SIM.

– ENTÃO ESQUEÇA A DIRETORIA. VOCÊ ESTÁ APTO A ASSUMIR A PRESIDÊNCIA!

Todos aqueles que são pais são, por consequência, empreendedores. As crianças testam nossa habilidade de gestores todos os dias porque elas são geniais. Elas inclusive têm um método para deixar isso evidente para nós. O nome do método é "Por quê?".

Diálogo da filha de cinco anos com seu pai:

– PAPAI, POSSO DORMIR NA CAMA DE VOCÊS HOJE? EU TENHO MEDO DO ESCURO.
– FILHA, NÃO CONVÉM DORMIR NA NOSSA CAMA. ALIÁS, NÃO TEM MOTIVOS PARA VOCÊ TER MEDO DO ESCURO.

– PAPAI, VOCÊ TEM MEDO DO ESCURO?
– NÃO, FILHA, ISSO É UMA BOBAGEM. NÃO PRECISA TER MEDO DO ESCURO.

– E A MAMÃE, TEM MEDO?
– TAMBÉM NÃO, FILHA. A MAMÃE TAMBÉM NÃO TEM MEDO.

Aí, vem o golpe...

– SE VOCÊS, QUE SÃO ADULTOS E NÃO TÊM MEDO DO ESCURO DORMEM JUNTOS, POR QUE EU, QUE SOU CRIANÇA E TENHO MEDO, PRECISO DORMIR SOZINHA?

Qual resposta você daria?

E não para por aí...

– FILHA, POR FAVOR, DESLIGUE A TV. CHEGOU A HORA DE DORMIR.
– PAI, EU ADORO ASSISTIR A ESSE CANAL DA TV PORQUE ELE SÓ PASSA DESENHOS. É MUITO LEGAAAL!

– QUE BOM QUE VOCÊ GOSTA, FILHA. ESSE CANAL É FEITO PARA CRIANÇAS E SÓ PASSA DESENHO.
– PASSA DESENHO ATÉ TARDE?

– SIM, FILHA, PASSA DESENHO O TEMPO TODO.
– ATÉ DE MADRUGADA?

– SIM.

Golpe:

— ENTÃO, SE ELE É FEITO PARA CRIANÇAS E PASSA DESENHO ATÉ TARDE, POR QUE EU, QUE SOU CRIANÇA, TENHO QUE DORMIR CEDO?

Como demonstra a pesquisa, é como se a infância simbolizasse que tínhamos uma bela mansão, repleta de quartos, um jardim maravilhoso com uma piscina impressionante e vista para o mar, e deixássemos tudo isso de lado para viver em um quartinho dos fundos, escuro e úmido! É isso o que fizemos com a nossa capacidade criativa para ver tesouros escondidos: uma troca desastrosa.

As crianças transformam zero em 100% com frequência. Elas nos contam novas histórias todos os dias enquanto os adultos repetem as histórias de sempre. Crianças são um exemplo do que disse Theodore Roosevelt: "Faça o que pode, com o que tem, onde estiver". Elas transformam um cabo de vassoura e um lençol em uma barraca de camping, o carrinho de supermercado em uma cama para dormir quando o sono bate, o cesto de roupas sujas em uma nave espacial...

Infelizmente, o *Mindset* da Escassez que construímos durante o processo de formação da vida adulta limitou a nossa percepção quanto àquilo que temos à nossa disposição. As crianças, ao contrário, atingem resultados exponenciais, a partir de alternativas que estão disponíveis, porque não contam com essa limitação, não raramente criando novas destinações para recursos que para nós, adultos, seriam impensáveis. Lá estão, quantos ativos invisíveis! Justamente porque elas não têm tantos filtros e não estão tão impregnadas pelo Modelo Mental da Escassez quanto nós, adultos. Por não saberem o que é impossível, transformam qualquer coisa em solução para os seus projetos, mesmo que seja apenas alcançar a lata de biscoitos escondida no armário mais alto da cozinha.

Já os adultos veem a impossibilidade em muitos lugares, justificando as palavras do poeta italiano Giacomo Leopardi: "As crianças encontram tudo em nada. Os homens encontram nada em tudo". Deixamos de realizar, ou mesmo de pôr em prática muitas ideias com receio de que não teremos recursos para tanto, ou mesmo que teremos de arriscar os "poucos" suados recursos de que dispomos.

Talvez seja a hora de voltar ao básico e recuperar algumas capacidades primordiais da infância.

Viemos ao mundo programados para transformar zero em 100%. Quando nascemos, o nosso "HD" já conta com o pacote básico, com alguns softwares. Um deles é o Modelo Mental da Oportunidade, no qual está contida a capacidade de ver ativos invisíveis, de enxergar "as baleias".

O problema é que, até chegar aos vinte anos, o HD vai sendo disputado por uma série de conteúdos e também sofre ataques de alguns vírus que prejudicam a capacidade de processamento.

Há um software que nós, pais, compramos para nossos filhos e que nossos pais também compraram para nós (a um preço muito alto), chamado Modelo Mental da Escassez, que ocupa muito espaço na memória. Com o tempo, nossa capacidade de processamento vai gradativamente sendo afetada. O excesso de conteúdo também atrapalha um pouco o funcionamento do processador. O Modelo Mental da Oportunidade vai sendo sobreposto por uma série de novos softwares, aplicativos e jogos. Acaba caindo em desuso. Mas ele ainda está lá, em algum lugar.

A habilidade de ver as baleias sempre esteve – e ainda está – conosco, não importa quantos anos a gente tenha. O que precisamos fazer é colocá-la novamente em evidência, recuperando a capacidade de processamento, para voltarmos a perceber as oportunidades que víamos quando crianças – e, de quebra, recuperar a capacidade de diversão, produto tão raro na vida adulta. Precisamos agir como um arqueólogo, que a cada pincelada retira uma camada de terra que oculta a sua descoberta. Precisamos fazer isso para reencontrar esse potencial que sempre tivemos, mas que ao longo do tempo foi sendo encoberto. É isso o que iremos fazer.

É possível limpar o HD. É possível reprogramar atitudes que trarão novamente o Modelo Mental da Oportunidade para o primeiro plano e enviar o da Escassez para segundo plano. Saberemos como fazer isso.

Seria muito cômodo e simplista apontar o fator educacional como único malfeitor responsável por esse resultado. Mas sabemos que isso não é verdade. Nossa criação, nossas experiências, nossas crenças, valores culturais, limitada habilidade em lidar com incertezas (tenha em mente que a estabilidade será cada vez mais um recurso escasso), fanatismo por controle... A lista pode ser grande e buscar culpados, mas, na verdade, não levará a lugar algum. Sejam quais forem os motivos que levaram a esse quadro, quando olhamos para o gráfico anterior, podemos chegar a duas conclusões:

1 *O que estamos fazendo não está dando certo;*

2 *Aquilo que realmente deveríamos fazer, não estamos fazendo.*

Imagine agora se esse mesmo desempenho revelasse o resultado da empresa onde atuamos, as estimativas em relação ao desempenho futuro ou simplesmente a nossa capacidade de inovar? Ficaríamos preocupados?

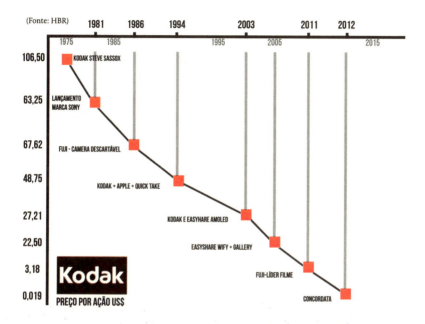

O gráfico acima representa o valor das ações de uma grande e conhecida companhia multibilionária que caiu em desgraça (Kodak). Note como ele se assemelha ao gráfico anterior.

O final da história é conhecido: a Kodak praticamente não existe mais e está lutando para se reerguer. Ela se agarrou à ideia do filme nas máquinas fotográficas. Seguiu a recomendação dos economistas e preferiu pautar suas decisões preocupada com seu ativo visível mais precioso, os excelentes filmes fotográficos que produziu por décadas de sucesso absoluto. Fabricava o melhor filme do mercado, mas não se desgarrou da ideia de permanecer fazendo tais filmes. O mais curioso é que ela mesma criou e ignorou a tecnologia da fotografia digital, que foi o motivo para sua própria ruína. Tardiamente, chegou às mesmas conclusões:

1 *O que estamos fazendo não está dando certo;*

2 *Aquilo que realmente deveríamos fazer, não estamos fazendo.*

A derrocada da Kodak trouxe impactos profundos não só para os seus negócios, mas principalmente para a autoestima da sua equipe de funcionários, muitos dos quais trabalhavam havia décadas na companhia, e para a cidade de Rochester, onde a companhia se estabeleceu e que sofreu um grande baque com a demissão de seus funcionários. E se esse fosse o gráfico da nossa vida?

Se você não está satisfeito com os resultados que vem obtendo e se acredita que a sua capacidade de promover mudanças significativas está comprometida, é muito provável que:

1 *O que está fazendo não está dando certo;*

2 *Aquilo que você realmente deveria fazer, não está fazendo.*

Então vamos tentar algo diferente? Oportunidades caem, sim, do céu. Grandes transformações podem ser promovidas por todos. Mas, infelizmente, a maioria das pessoas não está atenta para percebê-las ou preparadas para implementá-las. Muita gente simplesmente amassa as latinhas que a vida dá. Explico: é muito comum ver, nos grandes centros, pessoas recolhendo latinhas de alumínio para a reciclagem. Elas são amassadas e vendidas por alguns centavos. Porém, certo dia vi algo curioso: um homem que recolhia essas latinhas, mas ficava apenas com aquelas perfeitas. Aquelas com algum tipo de defeito ou amassado eram simplesmente ignoradas e deixadas. Eu perguntei: "Por que você não faz como todo mundo e amassa as latinhas? Por que você está deixando para trás essas outras latas?".

Ele me disse que precisava das latinhas não para a reciclagem, mas para fazer lindas miniaturas decorativas, que vendia por um valor centenas de vezes maior do que se simplesmente as amassasse. Para isso, ele usava apenas uma tesoura. As latas defeituosas ele deixava para as pessoas que precisavam do mesmo material para vendê-lo para reciclagem.

A vida dá latinhas para todas as pessoas. Algumas pessoas as transformam em obras de arte e obtêm um resultado excepcional. Outras as amassam e as vendem por alguns centavos. E há, ainda, aquelas dominadas pelo *Mindset* da Escassez, que sequer percebem as latinhas. Em qual grupo você quer estar?

A VIDA DÁ LATINHAS PARA TODAS AS PESSOAS.

Como nos explica Peter Diamandis, "a escassez é muitas vezes contextual. Imagine uma laranjeira gigante cheia de frutas. Se eu colho todas as laranjas dos galhos inferiores, as frutas acessíveis acabam. De minha perspectiva limitada, as laranjas agora são raras. Mas uma vez que alguém invente uma tecnologia chamada escada de mão, subitamente meu alcance aumenta. Problema resolvido".[11] Em outras palavras, quem é vítima do *Mindset* da Escassez e quer dar um salto precisa apenas de uma escada de mão. Essa escada de mão é a capacidade de perceber e usar os ativos invisíveis que já se tem em vez de perder tempo xingando o mundo ou procurando culpados.

David McConnel, um adolescente norte-americano, tentava vender livros em um período difícil da economia. Ele observou que as suas abordagens não surtiam efeito; as pessoas não estavam interessadas. Mais uma vítima da escassez. Comentando o problema com um amigo farmacêutico, este lhe sugeriu que as atraísse com algum tipo de brinde. Quem sabe oferecendo uma amostra de perfume às mulheres, por exemplo: "A senhora aceita uma amostra grátis de um delicioso perfume?". Funcionou! Com isso, ele conseguiu a atenção feminina, mas as vendas não aumentaram, não havia dinheiro para seus livros no orçamento doméstico e seus custos ainda aumentaram com as tais amostras de perfume que oferecia de brinde. Repetiu a estratégia por toda a cidade, sem sucesso, levando-o à frustração e ao desânimo. Fracasso. Caminhando pelas ruas, uma das mulheres o abordou perguntando sobre o perfume, se havia mais, pois o marido dela havia adorado. Ele poderia persistir com a venda de livros, mas a vida estava lhe mostrando outra latinha: os perfumes. E assim teve início a Avon, uma empresa de cosméticos multibilionária.[12] Esses e outros casos semelhantes devem ter inspirado Ratan Tata, CEO do conglomerado indiano Tata Group, a dizer que o "fracasso" também "é uma mina de ouro".[13] Lembre-se: as pesquisas que deram origem ao Viagra destinavam-se a problemas cardíacos. O efeito colateral observado pelos pesquisadores passou a ser sua aplicação principal. Em outras palavras, o que deu errado foi justamente o que levou a uma nova modalidade de medicamentos que rende bilhões de dólares para a indústria farmacêutica.

Sem perceber nuances como essas, muitas pessoas seguem em voo cego e mesmo assim querem atingir o alvo.

PENSE UM POUCO SOBRE AS SEGUINTES QUESTÕES:

- Você acredita que mudar o mundo é algo inatingível para você neste momento?

- Você tem a sensação de que está agindo no piloto automático, sem perceber essas valiosas oportunidades que estão à sua disposição?

- Você é visitado com frequência pelo sentimento de que precisa empregar cada vez mais energia para atingir os resultados que busca?

- Você percebe seus esforços como uma luta diária, uma competição constante em que aqueles que param podem ser engolidos?

- Você acredita que a sociedade atual cobra por resultados cada vez mais rápidos e que a pressa é um elemento importante nessa equação?

- Você acredita que existe um desequilíbrio entre seus esforços e os resultados que busca, provocando também estresse, sobrecarga e receio de perder aquilo que conquistou até aqui?

Se você respondeu "sim" a alguma dessas perguntas, provavelmente está sob a influência do Modelo Mental da Escassez. Mas não se preocupe. Ter consciência disso é uma etapa muito importante para começar a conhecer uma nova forma de vencer essas questões e ampliar a sua performance de modo significativo. Como fazer isso?

MODELO MENTAL ATUAL — ATIVOS VISÍVEIS

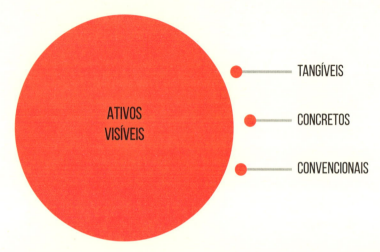

Olhe para o círculo na ilustração acima e imagine que nele estão contidas todas as oportunidades que conhecemos a partir do nosso modelo mental atual e do nosso sistema de crenças, o mesmo que usamos para lidar com os desafios no trabalho e na vida. Esse universo contempla possibilidades tangíveis, concretas, convencionais, e muitos de nós estamos convictos de que não há nada além disso. Como dissemos, a sua casa, o seu carro, a conta no banco, tudo está dentro desse círculo. Ninguém questiona, esse patrimônio é seu e tem cumprido o seu papel. No mundo corporativo, acontece o mesmo. São ativos que compõem o seu patrimônio visível, formado por ativos visíveis. As empresas também têm o seu patrimônio, assim como as cidades e países. Eles são finitos e obedecem, portanto, ao modelo da escassez.

Há momentos, no entanto, em que essa fonte de recursos parece não ser mais capaz de oferecer alternativas aos novos e cada vez mais complexos e interdependentes problemas e desafios. Essa fonte que tantas vezes supriu as nossas necessidades por saídas, por outras tantas vezes já demonstrou sinais de exaustão. O sentimento é de que a lagoa em que pescamos, que antes era grande e generosa, ficou pequena. Esse patrimônio está cada vez mais disputado e, como vimos, segundo os economistas, escasso.

Os economistas estavam certos? Impera a escassez? A mesma lagoa só parecia grande enquanto os crocodilos (o mercado, os concorrentes, a economia, a crise...) eram pequenos? Agora que eles cresceram, a lagoa ficou pequena?

Se você está sempre focalizando sua busca por saídas a partir do Modelo Mental da Escassez, nas alternativas que lhe parecem concretas e aparentes, pode começar a ver barreiras intransponíveis, além de ignorar uma nova fonte de alternativas.

Fica mais simples e cômodo, então, culpar as circunstâncias: "O mercado é cruel"; "A crise não poupa ninguém"; "Alguém chegou na frente, pegou tudo e não sobrou nada para mim". Essas são algumas manifestações comuns que acompanham essa derradeira tentativa.

Observe agora a imagem abaixo. Note que o círculo está contido em uma circunferência muito maior, mas que parece vazia.

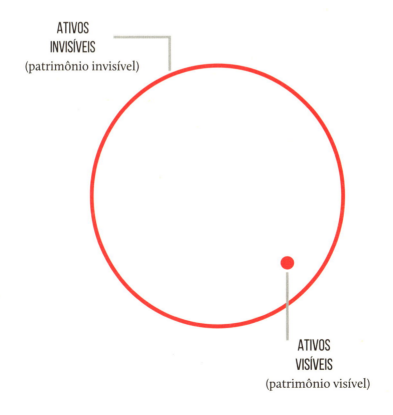

Aquele universo no qual se encontram todos os recursos e alternativas é muito menor do que se imaginava. Diante da nova circunferência "vazia", ele não passa de um pequeno ponto e ocupa uma dimensão bem menor do que a anterior.

Nosso desafio é substituir a visão estreita, focada no círculo menor, pela visão ampliada, da circunferência dos ativos invisíveis. Lembre-se: se você ainda não vê aquilo que está na circunferência maior, não significa que não há nada nela.

Ativos invisíveis são abundantes e acessíveis. Eles são uma alternativa à necessidade de lidarmos com problemas cada vez mais complexos. Logo, a melhor maneira de aproveitá-los é oferecendo a eles uma maior atenção. Não é preciso ensiná-lo a ver os ativos visíveis, afinal, a vida nos ensinou a percebê-los e a persegui-los muito bem. Também não é preciso ensiná-lo a ver os ativos invisíveis, pois, durante a infância, você fazia isso com brilhantismo. É necessário apenas relembrá-lo dessa sua capacidade que pode estar oculta, encoberta por algumas certezas, atitudes e modelos mentais que merecem ser revisitados e questionados. Como fazer isso? Partindo de uma visão estreita, na qual as possibilidades são limitadas para uma visão ampliada, capaz de identificar inúmeras oportunidades presentes no ambiente atual.

Ao ampliar esse campo de visão, você verá que a lagoa é muito maior do que se imaginava.

ATIVOS INVISÍVEIS – UMA RICA E GENEROSA FONTE DE ALTERNATIVAS

Em seu livro *Liderança e a nova ciência*, a escritora e consultora norte-americana Margaret Wheatley apresenta algumas lições sobre a física quântica que nos convidam a pensar sobre a questão da escassez sob um ponto de vista diferente, remetendo o nosso olhar para a importância do invisível sobre o visível.

A física quântica nos diz que "no interior dos átomos, as partículas subatômicas são separadas por vastas distâncias, a ponto de cada átomo ser 99,99% vazio".[14] Os mesmos cientistas concluíram que "mesmo no nível microscópico dos átomos, onde se esperava que as coisas fossem densas e compactas, há principalmente espaço". E vão além: "Tudo aquilo que tocamos, incluindo o nosso corpo, se compõe desses átomos vazios... Na verdade, somos tão vazios, proporcionalmente, quanto o espaço intergaláctico".[15] Assim como no ciclo maior visto anteriormente, à primeira vista, "não há nada ali".

Onde se esperaria encontrar densidade, materialidade, concretude, na verdade há um imenso vazio. Daí surge a seguinte pergunta: como pode, por exemplo, existir a cadeira concreta, palpável, visível e quantificável se, em seu nível subatômico, ela é 99,99% vazia? Ou como poderiam tantas outras coisas igualmente tangíveis, concretas e convencionais advirem de um espaço vazio, onde nada se encontra de palpável, visível e quantificável?

Felizmente, a física quântica também descobriu que esse espaço invisível, tido como aparentemente vazio, na verdade não o é. Sabe-se que esse espaço "invisível" é, na verdade, formado por campos energéticos. E não se limita a isso. Os cientistas foram além e descobriram que o que se acreditava ser vazio, na verdade, contém "a substância básica do universo"[16] de onde tudo provém.

ONDE NÃO SE ESPERAVA NADA, NA VERDADE HÁ TUDO.

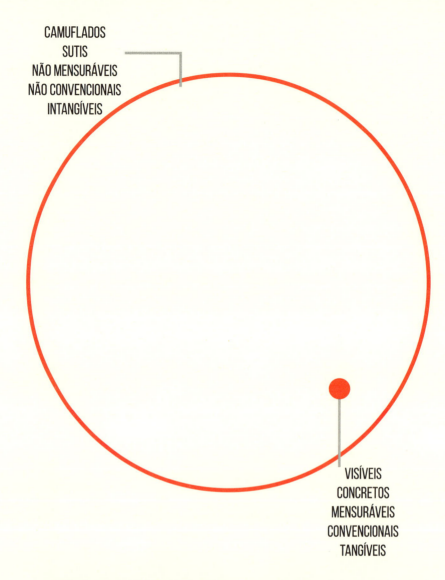

Você sempre foi ensinado a procurar os recursos de que precisa naquele círculo menor, limitado, porque, sob a influência do Modelo Mental da Escassez, ele era o único que existia! Mas há uma circunferência, muito maior, que aos seus olhos parece vazia. Porém, assim como acontece na física quântica, ela não é vazia. Na verdade, ela contém "a substância básica do universo". Em outras palavras, há uma rica e generosa fonte de recursos, alternativas, possibilidades e saídas para os nossos desafios que estão à nossa disposição na circunferência maior.

Ocorre que, enquanto dedicava toda a sua atenção e esforço (acordando cedo todos os dias) ao pequeno ponto visível, à "prateleira" de coisas visíveis, você ignorou o círculo maior porque não estava consciente de sua existência. Por aparentar estar vazio, invisível, você nunca arriscou procurar dentro dele. E, não fazendo uso desse patrimônio, o desempenho sofre.

Você aprenderá a procurar na circunferência maior. Nela há uma generosa fonte de novas alternativas para que você supere os seus desafios. Se antes você recorria a apenas uma prateleira, agora imagine essa circunferência como um imenso supermercado repleto de gôndolas, e que essas estão igualmente cheias com muitas oportunidades, recursos e saídas de ativos para serem usados nos seus desafios. Inclusive em suas equações impossíveis, aqueles problemas aparentemente sem solução viável. Fica ainda melhor quando você descobrir que pode pegar o quanto quiser, pois a maioria das coisas que estão nesse imenso supermercado são de graça ou custam muito pouco.

Você jamais cogitou procurar algo nesse grandioso supermercado, infinitamente maior que aquela pequena prateleira. Na verdade, você nem sabia da existência desse supermercado, embora passasse em frente a ele todos os dias. Afinal, você foi ensinado a buscar e valorizar essas coisas concretas, a partir de um ambiente de escassez. Você foi ensinado a focar no seu patrimônio visível. Não poderia ser diferente, não é mesmo? Não fazia sentido procurar em gôndolas formadas por influências invisíveis, não mensuráveis, intangíveis. "Isso é conversa para bicho-grilo", provavelmente ensinaram a você. Sempre lhe disseram que "não havia nada ali". Ai de você se discordasse disso!

> *Ativos invisíveis* *são os elementos que estão naquele círculo maior, à disposição daqueles que souberem procurá-los, e se mantêm sob a condição de invisíveis somente até serem percebidos. Alguns desses ativos que, sob a ótica anterior, pareciam inúteis, na verdade, quando devidamente valorizados e usados, podem trazer resultados incríveis! Usando-os com sabedoria, podemos atingir ganhos exponenciais no trabalho, nos negócios e na vida como um todo.*

Empresas em dificuldades adoram olhar para o patrimônio visível. Empresas milionárias estão de olho no seu patrimônio invisível, formado por ativos invisíveis. Quando fazem a transição da primeira condição para a segunda, o salto acontece e a rebeldia é recompensada.

Felizmente o mundo da gestão está iniciando um despertar em direção a essa ideia. "Os investimentos em ativos tangíveis tais como prédios, galpões, máquinas e computadores continuam importantes, mas já não proporcionam grande diferenciação entre os empreendimentos", disse o economista Marcelo D'Agosto.[17]

Olhar para os ativos invisíveis foi justamente o que fez Zilda Arns ao lidar com uma equação aparentemente impossível: como salvar a vida de milhares de crianças carentes? Como livrá-las da morte estúpida por desnutrição e desidratação em um curto espaço de tempo? Como fazer isso sem dispor de dinheiro, alimentos, assistência médica e medicamentos tradicionais e onerosos? Como fazer tudo isso sem tornar as comunidades dependentes da ajuda de terceiros?

Ela percebeu que buscar alternativas na segurança da prateleira das coisas tangíveis, concretas e visíveis não surtiria efeito. Sob o Modelo Mental da Escassez, o desafio permaneceria impossível. Era preciso um pouco mais de ousadia. Afinal, como disse o estadista David Lloyd George: "Não se pode saltar sobre um abismo com dois pulos pequenos".[18] Por isso, ela recorreu aos ativos invisíveis, e lá estavam! Uma série de alternativas mais do que suficientes para resolver o desafio de uma vez por todas. Ela transformou zero em 100%.

A pergunta que vamos responder é:

O QUE PODEMOS FAZER PARA TORNAR VISÍVEL O INVISÍVEL, PARA VER AS OPORTUNIDADES QUE JÁ TEMOS, MAS NÃO PERCEBEMOS?

Para mudar isso e interromper esse padrão, é importante que você conheça a seguinte fórmula:

EQUAÇÕES IMPOSSÍVEIS SÃO RESOLVIDAS COM ATIVOS INVISÍVEIS. TENTAR RESOLVER EQUAÇÕES IMPOSSÍVEIS ENFATIZANDO OS ATIVOS VISÍVEIS É O PRIMEIRO PASSO PARA O FRACASSO.

A maioria das pessoas sequer sabe da existência desses ativos. Algumas até suspeitam da sua viabilidade, mas, por eles serem invisíveis, desconhecidos, decidem não se aventurar nessa caverna escura. Será que ela é perigosa? Será que há um dragão escondido no invisível? Será que serei chamado de louco? Muitos preferem não arriscar e decidem se entregar à ideia de escassez de oportunidades porque é mais fácil repetir o que foi feito antes, chegando, portanto, aos mesmos resultados.

Mas é claro que você não é uma dessas pessoas, correto? Você não está satisfeito com o que já tem e busca novas possibilidades, novas escolhas e caminhos, caso contrário, não teria se interessado por este livro.

Muitas empresas, algumas multibilionárias, agarradas à valorização daquilo que é tangível e concreto, estão encolhendo, enfrentando sérias dificuldades ou até mesmo deixando de existir. *A Revista Exame* revelou que, nos últimos quinze anos, 52% das empresas do índice Standard & Poor's (composto pelas ações das maiores empresas cotadas em bolsas de valores) simplesmente desapareceram. E que atualmente 87% do valor de mercado desse mesmo índice decorre de bens "intangíveis",[19] indicando que as organizações que ainda seguem o velho modelo tendem a ter cada vez menos espaço. Vemos, neste exato momento, uma transição do concreto e do visível para o intangível, demonstrando que prestar atenção no invisível pode valer muito a pena.

Sob o Modelo Mental da Escassez, somos levados a crer, por exemplo, que no campo da energia existem sérias limitações. Essa ideia se torna verdadeira se nos basearmos no patrimônio visível, formado por elementos concretos e tangíveis, como o óleo, a gasolina e o carvão. Mas se buscarmos no supermercado dos ativos invisíveis, ninguém pode questionar que a energia solar e outras formas inesgotáveis são mais do que suficientes para suprir a necessidade para todos, em todo o planeta, levando países como a Alemanha, por exemplo, a estarem próximos de alcançar 100% da sua demanda por energia vindas de fontes como essas. Recebemos, a cada dia, 5 mil vezes mais energia do que consumimos durante todo o ano: apenas 88 minutos de energia solar recebida na Terra são suficientes para captar os dezesseis terawatts que é o consumo anual do planeta. "Existe mais energia na luz solar que atinge a superfície da Terra em uma hora", diz Peter Diamandis, "do que em todos os combustíveis fósseis consumidos em um ano". É disso que estamos falando, de perceber o que é abundante e utilizá-lo, e, para isso, precisamos parar de olhar para o círculo menor e descobrir o que há no círculo maior. Do ponto de vista do patrimônio visível – combustíveis fósseis – temos escassez, afinal, eles tendem ao esgotamento, enquanto do ponto de vista do patrimônio invisível – energia do sol, dos ventos, das marés – há energia inesgotável. O mesmo raciocínio não poderia ser usado também para outros recursos? Imagine se você recebesse todos os dias 5 mil vezes mais oportunidades do que está consumindo. Você acha que essa quantidade seria suficiente para promover as mudanças que você quer ver na sua vida e no mundo? Inquestionavelmente a resposta é sim.

Conforme afirma o autor Paul Hawken, escritor e ambientalista norte-americano, é possível tirar até "cem vezes mais proveito de cada unidade de energia, água, material ou qualquer outra coisa retirada do planeta e consumida", e obter esse resultado "pode não ser tão difícil quanto talvez pareça, porque, do ponto de vista do material e da energia, a economia [atual] é altamente ineficiente".[20] De modo semelhante, o que há hoje é uma ineficiência por parte das pessoas em perceber esses ativos.

Sob o foco da mentalidade da oportunidade, olhemos para a economia digital, por exemplo, predominantemente intangível e invisível, cada vez mais relevante e que coloca contra a parede a ideia da finitude de recursos. Essa finitude existe apenas dentro daquele pequeno círculo representado na nossa ilustração anterior. Nos negócios digitais, ao contrário do que acontece no ambiente material, a finitude tende a se aproximar de zero, tornando possível o oferecimento de uma infinidade de produtos e serviços gratuitos.

- "1 GB de armazenamento de memória tinha um custo de 10 milhões de dólares em 1970. Hoje custa 3 centavos", diz a *Revista Exame*.[21]

- O custo para produzir uma unidade de um software, ou um milhão de unidades, é praticamente o mesmo.

- Um filme da Netflix pode ser visto por milhões de pessoas ao mesmo tempo, sem ter necessariamente que representar custos adicionais e, portanto, permitindo praticar um preço bem acessível.

- A sua câmera fotográfica (aquela mesma que usava filmes da Kodak) não existe mais, migrou para dentro do seu smartphone. Seguiram o mesmo caminho o aparelho de rádio, a lanterna, o videogame, os livros, jornais, enciclopédias, o scanner, o GPS e tantos outros. E o preço de tudo isso hoje é apenas uma pequena fração do que já foi um dia, e todos eles tornaram-se invisíveis.

Esses são exemplos de que as coisas no mundo da tecnologia estão se desmaterializando, barateando e se tornando cada vez mais abundantes e acessíveis em uma espécie de economia do invisível. E é por isso que podemos levantar esta questão tão importante: Onde está o princípio da escassez na economia digital, intangível, invisível e muitas vezes não quantificável? Mesmo diante dessas caraterísticas, ninguém tem dúvidas dos seus resultados concretos, tangíveis e mensuráveis.

Como vimos, o tempo médio em que uma empresa pertence à lista das quinhentas maiores empresas da Fortune está caindo depressa e a tendência é de vermos cada vez mais empresas com patrimônio "intangível" substituírem aquelas que ainda buscam e valorizam seus prédios e máquinas. O Vale do Silício já desenvolveu soluções para grandes redes de varejos sem lojas físicas, sem vendedores, sem prédios, sem estacionamentos, um modo de negócio totalmente novo em que o cliente tem a experiência de estar comprando exatamente como nas lojas físicas atuais, mas em um ambiente virtual e, portanto, intangível. De modo semelhante, a Amazon está provocando o fechamento de lojas em shoppings, explicando por que a profissão de vendedor é uma das que corre sério risco de extinção.

Há algum tempo não se cogitaria, por exemplo, a possibilidade de que a maior empresa de transportes do mundo (Uber), avaliada em US$ 50 bilhões, não possuísse nenhum veículo, tendo alcançado esse valor em alguns poucos anos e apenas com um punhado de empregados, um valor equivalente ao do Banco Itaú, que levou sete décadas para atingir esse patamar, com o esforço de um time de 90 mil empregados. Esse é um tipo de resultado provocado pelo fundador da empresa, Travis Kalanick, e sua trupe. Saberemos como tudo isso aconteceu. E isso é apenas o começo: o negócio de Travis é transporte e isso envolve uma série de alternativas que ainda não estão sendo exploradas e que estão no radar da companhia: transporte de passageiros, bicicletas compartilhadas, automóveis autônomos, transporte público, transporte de cargas (inclusive marítimas) e até jatos executivos compartilhados. O céu é o limite em direção ao que ele acredita ser a sua missão: oferecer transporte "tão confiável quanto a água encanada, em todos os lugares e para todo mundo".[22]

Ou, ainda, seria inconcebível que a maior rede de hospedagens do mundo não possuísse sequer um quarto (Airbnb): foi fundada em 2008, conta com cerca de três mil funcionários e está avaliada em US$ 30 bilhões, o valor aproximado do Banco Santander, que tem trinta anos e 50 mil funcionários.

Ou a Netflix, maior locadora de filmes do mundo, que não possui nenhuma loja, nenhum DVD, avaliada em US$ 44 bilhões, sendo uma empresa que "ainda usa fraldas" e que conta com uma equipe que não chega a três mil funcionários. Imagine quando ela crescer.

Enquanto muita gente ainda compra carros pelo que eles têm, os compradores do Tesla o preferem pelo que ele não tem. O que dizer então de uma fabricante de veículos (Tesla) que vale mais que a Ford e que não possui nenhuma concessionária? Seus clientes primeiro pagam pelo veículo e então aguardam sua fabricação. As pessoas que compram um carro Tesla não estão interessadas no veículo (visível) apenas, mas principalmente na ideia (invisível) de ter um carro elétrico, futurista, autônomo e *open source* (o programa que gerencia o veículo é um software livre), e na experiência totalmente diferente em ter um veículo da marca: os vendedores não são comissionados, de modo que não precisam "empurrar" para você um carro de que você não precisa; o carro é entregue onde você escolher (inclusive na fábrica, se você quiser fazer uma visita com seus familiares); não há necessidade de fazer troca de óleo ou ajuste no motor nos meses seguintes ao da compra; se houver algum problema com o carro, a Tesla empresta outro enquanto conserta o seu; enquanto você está dormindo, os engenheiros acessam seu carro remotamente e baixam softwares atualizados para corrigir eventuais defeitos ou aumentar a eficiência do automóvel sem ter que levá-lo a lugar algum (em outras palavras, o carro vai melhorando com o tempo, com a expectativa de que você possa chamar o carro e ele irá até você); você pode usar um aplicativo de smartphone para possibilitar, por exemplo, o acionamento do ar-condicionado/aquecedor à distância para, assim, não precisar entrar no carro escaldante ou frio demais; também pode localizar seu carro no estacionamento via aplicativo, entre outros.

Exemplos como esse indicam que as empresas voltadas primordialmente aos ativos visíveis tendem a enfrentar cada vez mais dificuldade, enquanto as que estão focadas em questões intangíveis estão indo cada vez melhor. Chega de ideias convencionais, as pessoas estão ávidas por ideias *rock and roll*. Se você oferecer isso, as pessoas estarão dispostas inclusive a aturar alguns de seus deslizes. Lembre-se: a Tesla quase faliu, a entrega dos carros sofreu atrasos e eles apresentaram defeitos. Além disso, o preço precisou ser reajustado. Nada disso parecia impedir o ímpeto desses compradores. Em apenas seis meses (novembro de 2017 a maio de 2018) o Modelo 3 abocanhou cerca de 30% do mercado americano de sedãs médios de luxo.

Casos como esses nos mostram três tendências:

A O surgimento de empresas "nenhum-nenhum-todos". Não possuem praticamente nenhum ativo tangível – não existem fisicamente em praticamente nenhum lugar – e paradoxalmente sua atividade está em todos os lugares;

B Não existe proporção entre o tamanho de uma organização e os resultados incríveis que ela pode atingir.

Quando o Instagram foi vendido para o Facebook, por US$ 1 bilhão em 2012, a empresa tinha apenas treze funcionários.

A Amazon tem dois milhões de trabalhadores a menos que seu maior concorrente direto, o Walmart, e vale US$ 230 bilhões a mais.

Elon Musk revolucionou a indústria aeroespacial criando do zero, e com apenas cinquenta pessoas, a SpaceX, uma empresa que leva, a uma fração dos custos antes praticados, satélites ao espaço.

O biólogo Craig Venter, com seu pequeno grupo de cientistas, levou 10% do tempo e do dinheiro de que o governo americano precisou para sequenciar o genoma humano[23] e Burt Rutan reduziu, de bilhões de dólares e milhares de pessoas envolvidas, para apenas 26 milhões de dólares e seus trinta colaboradores o custo de envio de astronautas ao espaço.[24]

Peter Diamandis, um dos fundadores da renomada Singularity University, universidade criada em 2009 voltada ao desenvolvimento de tecnologias exponenciais, como aquelas presentes no Vale do Silício, e considerado pela *Fortune* como um dos cinquenta líderes globais, criou também o Prêmio X para incentivar o desenvolvimento tecnológico que possa gerar grande impacto em beneficiar a humanidade. Ele ensina: "O que aprendi no Prêmio X é que equipes pequenas direcionadas por sua paixão com um foco claro podem fazer coisas extraordinárias. Coisas que grandes corporações e governos só podiam fazer no passado".

C A partir do uso de tecnologias já disponíveis, a construção de novos modelos e alternativas disruptivas está cada vez mais rápida.

Apenas dezoito meses após a sua criação, o YouTube foi vendido ao Google por 1,65 bilhão de dólares e levou somente 24 meses entre a criação do Groupon e sua venda por 6 bilhões de dólares.[25] Apenas três anos após o lançamento da plataforma de microfinanças Kiva, seus empréstimos somaram quase 1 bilhão de dólares.[26]

Esses são apenas alguns indicadores que nos levam a olhar com mais atenção aquilo que não está aparente. Muitas pessoas acreditam que, se não é visto, não existe. É um engano. Desviando a nossa atenção para alternativas que hoje não são visíveis, abrimos espaço para a ideia da abundância.

Felizmente, para contrapor o Modelo Mental da Escassez, defendido por especialistas e economistas, surge uma nova geração inspirando outras pessoas a seguirem o mesmo caminho. Lembre-se: não se engane quanto ao termo "geração". Ele não tem nada a ver com idade, e sim com atitude, de modo que pessoas das mais diversas idades e condições fazem parte dessa comunidade.

Um deles é o economista Tim Jackson, que aponta maneiras de se obter prosperidade social mesmo sem haver necessariamente crescimento econômico. Em seu livro *Prosperidade sem crescimento*, derruba o paradigma perseguido por tantos países de que o crescimento econômico é um requisito fundamental para que haja prosperidade.

Outro é o próprio Peter Diamandis, cujo propósito é formar pessoas capazes de desenvolver tecnologias de avanço exponencial para lidar com os grandes desafios da humanidade em oitos grandes áreas: biotecnologia e bioinformática, sistemas computacionais, redes e sensores, inteligência artificial, robótica, fabricação digital, medicina e nanomateriais e nanotecnologia.[27]

Diamandis, em sua obra *Abundância: o futuro é melhor do que você imagina*, apresenta exaustivos dados e pesquisas que contrapõem o pessimismo do Modelo Mental da Escassez e nos conduz a uma nova mentalidade, na qual algumas das grandes questões que preocupam a humanidade estão bem próximas de serem resolvidas em um cenário em que a luta pela sobrevivência ficará no retrovisor, tornando uma série de recursos cada vez mais baratos e acessíveis, como água, saúde, ar limpo, energia, alimentos, medicamentos, educação, renda, comunicação, abrigo, serviços etc.

VAMOS A ALGUNS DE SEUS DADOS:

No passado, a iluminação já foi 20 mil vezes mais cara do que é hoje. "Atualmente a luz custará menos de meio segundo de seu tempo de trabalho se você ganha um salário médio".

"No século XIX, viajar de Boston a Chicago em diligência consumia duas semanas de tempo e um mês de salário. Hoje em dia, leva duas horas e um dia de salário".

"Estamos vivendo vidas mais longas, mais ricas, mais saudáveis e mais seguras".

"A computação, que já é barata, está ficando ainda mais barata, e podemos facilmente extrapolar essa tendência a ponto de pensarmos na computação como praticamente gratuita".

"Em 2000, quando o primeiro genoma de planta foi sequenciado, foram precisos sete anos, US$ 70 milhões e 5 mil pessoas. O mesmo projeto atualmente leva uns três minutos e custa uns US$ 100".

A grande diferença entre sobreviver ou verdadeiramente prosperar também está na capacidade de enxergar esse novo cenário repleto de novas possibilidades.

Hoje, apenas uma pequena parcela das pessoas faz uso dessa capacidade. Coincidentemente, são essas as pessoas e empresas para as quais a vida parece "sorrir" e que veem oportunidades borbulhando a todo momento. Precisamos mudar isso para que cada vez mais pessoas e empresas possam fazer uso desse tesouro para gerar prosperidade não apenas para si, mas para todos.

Como veremos, os ativos invisíveis que temos – e que são ignorados, insisto – muitas vezes são mais do que suficientes para responder a uma série de desafios presentes e futuros. Eles demonstram que não existe escassez, e, sim, abundância. Não existe falta de oportunidades, existe, sim, uma miopia sobre as oportunidades que já existem. É isso o que nós precisamos e vamos mudar. Enquanto pessoas sob o *Mindset* da Escassez temem perder os seus ativos visíveis, enfocando o seu patrimônio visível, aqueles que fazem uso do *Mindset* da Oportunidade não gostam de perder oportunidades e por isso valorizam os ativos invisíveis.

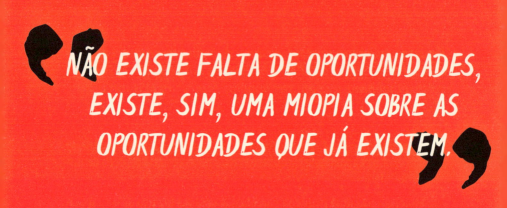
"NÃO EXISTE FALTA DE OPORTUNIDADES, EXISTE, SIM, UMA MIOPIA SOBRE AS OPORTUNIDADES QUE JÁ EXISTEM."

A Kodak, sobre a qual falamos, está aprendendo a lição. Seu fracasso não foi suficiente para nocauteá-la. Hoje, procura se reerguer perseguindo novas ideias, e agora investe no intangível, invisível, como o desenvolvimento de uma criptomoeda global, a KodakCoin ou de uma plataforma para que os profissionais de fotografia possam controlar o acesso e venda de suas imagens, resolvendo um problema de direitos autorais para que sejam devidamente remunerados por suas criações.[28]
Que bom, voltaram a ser crianças.

O exemplo da companhia serve para ilustrar que, para perceber e usar o nosso patrimônio invisível, precisamos recuperar uma parte da genialidade criativa que tivemos durante a infância. Como fazer isso? É o que veremos a partir de agora.

RESUMO DO CAPÍTULO

ATIVOS INVISÍVEIS COMPÕEM O SEU PATRIMÔNIO. USE-OS.

ATIVOS INVISÍVEIS ESTÃO POR TODA PARTE. ALÉM DE ABUNDANTES E ACESSÍVEIS, CUSTAM MUITO POUCO OU QUASE NADA.

O MODELO MENTAL DA ESCASSEZ NOS TORNA CEGOS PARA ESSAS ALTERNATIVAS, FAZENDO COM QUE PERMANEÇAM INVISÍVEIS.

CHEGOU O MOMENTO DE INTERROMPER ESSE PADRÃO E USAR O SEU PATRIMÔNIO INVISÍVEL EM SEUS PROJETOS PARA CRIAR AS TRANSFORMAÇÕES QUE VOCÊ BUSCA.

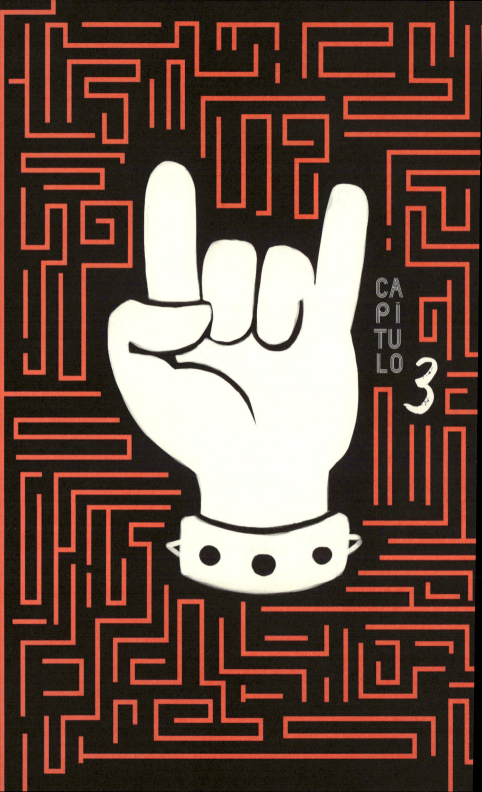

IDEIAS
ROCK AND ROLL

Quando, na segunda metade da década de 1960, Rollin King, dono de uma pequena empresa de serviço de transporte aéreo, e seu amigo John Parker entraram no escritório de advocacia de Herb Kelleher, eles tinham duas coisas. Um guardanapo, onde desenharam um triângulo, que em cada vértice trazia os nomes das seguintes cidades: Dallas, San Antonio e Houston; e um objetivo: criar uma companhia aérea para atender inicialmente essas mesmas cidades.

Rollin perguntou:

"HERB, VAMOS MONTAR UMA COMPANHIA AÉREA?".

Herb respondeu:

"ROLLIN, VOCÊ É LOUCO? CLARO QUE VAMOS!"

A conversa, que parecia uma piada de bar, na verdade era muito séria. Eles realmente estavam dispostos a criar uma companhia, e Herb Kelleher seria o homem certo para dirigi-la. Até aí tudo bem, nenhuma grande novidade. Até que Herb pudesse dizer quais eram seus planos para a empresa, que iniciou suas atividades com US$ 142 na conta e uma dívida de US$ 800 mil.

Sua ideia era que seria uma companhia de baixo custo. Ele chegaria a oferecer passagens de San Antonio a Dallas por US$ 13, mas, se você estivesse disposto a pagar US$ 26, ganharia de brinde uma garrafa de uísque.

Mas, por ser uma companhia de baixo custo, ele teria que pagar salários menores para seus empregados se comparados com os praticados pelos concorrentes. E, mesmo pagando menos, ele precisaria encontrar uma maneira para que isso não resultasse em baixa produtividade ou elevada rotatividade de pessoal.

Além disso, havia outro ponto importante: mesmo sendo uma empresa de tarifas baixas, ele pretendia obter uma das maiores margens de lucro da aviação comercial americana.

Ainda havia mais um desejo de Herb: ele não pretendia que as pessoas pensassem que, por ser de baixo custo, isso implicaria em baixa qualidade do serviço e tampouco em maior risco para sua segurança. Então, os outros elementos da sua equação eram: ser reconhecida como uma das companhias aéreas mais seguras do mundo e com atendimento de boa qualidade. E ele também desejava manter uma frota de aviões sempre atualizada.

Resumindo: baixas tarifas e salários, alta produtividade, baixa rotatividade de pessoal, frota de aviões atualizada e ótimos serviços. Uma das companhias mais seguras do mundo e uma das mais lucrativas dos Estados Unidos. Essa era a equação impossível que o excêntrico Herb Kelleher tinha para a Southwest Airlines e que poderia fazer com que alguns disparassem: "Dá um tempo! Isso não dá para conseguir!"

Segundo o Modelo Mental da Escassez, não dá para ter todas essas coisas. Ele precisaria escolher apenas alguns desses objetivos. Tudo de uma vez, não daria. É uma equação impossível. De fato, é impossível se esse desafio for enfrentado buscando-se nas tradicionais alternativas convencionais – nenhuma saída parece ser capaz de viabilizar tamanho desafio. Mas não para quem tem o *Mindset* de Oportunidades, e Herb era um deles.

A Southwest Airlines atingiu todos esses objetivos. O mais extraordinário é que a saída encontrada por eles para alcançá-los não custou um dólar sequer. A fórmula foi extraída do patrimônio invisível que ela já tinha: diversão. Isso mesmo, diversão! A companhia levaria muito a sério algo impensável pelos concorrentes: a possibilidade de os funcionários se divertirem enquanto trabalhavam. Herb apostava que funcionários alegres garantiriam todos os resultados que a companhia buscava e tratou de oferecer justamente isso.

Você já imaginou uma empresa que gasta mais tempo planejando festas do que escrevendo relatórios? Que evita um planejamento estratégico formal? Que publica anúncios de recrutamento dizendo "Trabalhe em uma empresa onde usar calças é opcional"? Aliás, durante um processo seletivo para pilotos, por exemplo, eles pediram que os candidatos deixassem os ternos e usassem lindas bermudas estampadas, camisa e gravata.

Uma companhia que pinta aviões de dezenas de milhões de dólares em formatos divertidos como uma orca assassina, uma águia ou bandeiras estaduais não pode ser coisa séria, não é mesmo? "Uma companhia aérea formada por comediantes? Isso é uma loucura!" – alguns dispararam. "Jamais daria certo". Só que deu.

Imagine-se guardando sua mala no compartimento de bagagens do avião, mas, ao abri-lo, você é surpreendido por uma comissária de bordo lá dentro. Você leva um susto daqueles e, ao mesmo tempo, ela gentilmente pergunta: "Aceita um amendoim?". Essa era a única refeição oferecida pela companhia.

Ou, então, imagine-se ouvindo a comissária fazendo um comunicado aos passageiros: "A Southwest Airlines gostaria de congratular uma das primeiras pessoas que voaram conosco e que está fazendo 89 anos hoje. Senhoras e senhores, enfiem sua cabeça na cabine para dar os parabéns ao nosso piloto, capitão John Smith".[29]

Em outro voo, a comissária estava dando as instruções de segurança: "Se houver uma despressurização da cabine, máscaras de oxigênio aparecerão como em um passe de mágica sobre suas cabeças. Pare imediatamente de gritar, deposite uma moeda e respire normalmente! Se você estiver sentado ao lado de uma criança ou de alguém que se comporte como uma, garanta-se primeiro e depois a ajude. Aproveite seu voo até San Diego".

Os funcionários vivem pregando peças nos colegas e nos passageiros. A diversão lá é garantida. Eles não têm receio em dizer que são a única companhia que coloca o funcionário em primeiro lugar e o cliente em segundo. O clima que eles conseguiram foi um fator fundamental para reter talentos. Sim, as pessoas aceitaram muito bem a ideia de receber um salário menor em troca da possibilidade de dar boas gargalhadas durante o expediente. Enquanto as mais diversas pesquisas revelam um número cada vez maior de pessoas infelizes no trabalho, a ideia de Herb tem funcionado como um ímã e atraído batalhões de interessados. Durante um processo seletivo para 5.444 vagas, surgiram 124 mil candidatos.[30]

A empresa também adquiriu a fama de nunca demitir ninguém, mesmo durante a crise de combustível de aviões no fim da década de 1970 e, durante as recessões, Herb sequer considerou a possibilidade de cortar pessoal. Como um líder, ele protegeu o seu time contra tempestades desenvolvendo um clima de confiança inabalável. Assim, ele conseguiu que as pessoas, mesmo recebendo menos que os seus colegas de outras companhias, não quisessem trocar de emprego por nada neste mundo.

A fórmula foi um sucesso e atraiu também os cerca de 120 milhões de clientes, interessados em passagens baratas, pontualidade, segurança e algumas risadas. A Southwest apresenta 45 anos de lucros consecutivos, mesmo tendo as tarifas mais baixas.* A empresa é muito bem avaliada em atendimento aos clientes, tem uma das frotas de aviões mais novas e foi considerada por uma revista especializada como uma das mais seguras do mundo, tendo recebido inúmeros prêmios.

Uma equação impossível resolvida com um ativo invisível que já estava à disposição de quem quisesse fazer uso dele, mas que somente uma pessoa percebeu. O ativo que a companhia usou é simples, abundante, gratuito, intangível e não quantificável, justamente o oposto do que fomos ensinados a buscar e valorizar, mas que gera resultados tangíveis, quantificáveis, visíveis e surpreendentes.

Por isso é muito importante que você saiba: para ver os ativos invisíveis é preciso livrar-se das amarras do pensamento convencional. Kelleher, com seu Modelo Mental de Oportunidade, foi perspicaz o bastante para aplicá-los ao mundo dos negócios e a companhia está colhendo bons frutos.

Enquanto a maioria das pessoas, ao seguir o Modelo Mental da Escassez, valoriza a busca por ativos convencionais, esse grupo adora ter ideias não convencionais, como Herb Kelleher que, com sua ousada estratégia de levar diversão ao ambiente do trabalho, desde a década de 1970 é prova disso.

Nas empresas, os ativos convencionais estão no balanço, enquanto os não convencionais estão fora: ainda não vi o item "diversão" presente em nenhum balanço de nenhuma empresa, mas, graças a esse ativo, a companhia de Kelleher tem obtido resultados invejáveis. A empresa criou as transformações que desejava ao mesmo tempo que vê pessoas felizes no trabalho, algo muito raro hoje, conforme apontam algumas pesquisas.

O exemplo serve para ilustrar uma das características dos ativos invisíveis e que está diretamente ligada à primeira atitude que tínhamos durante a infância e que precisamos resgatar para recuperar parte da nossa genialidade: eles são *Não Convencionais,* justamente porque, enquanto crianças, estávamos à vontade para ter ideias igualmente não convencionais, radicais e incríveis.

---

[*] Em 2016, foram mais de US$ 2 bilhões em lucro líquido. Em 2017, houve lucro recorde de US$ 3,5 bilhões. E 2,5 bilhões em 2018. Por ano, a companhia costuma destinar cerca de meio bilhão de dólares em prêmios aos seus funcionários.

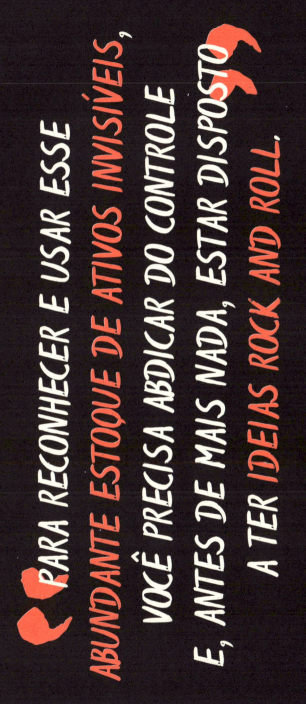

PARA RECONHECER E USAR ESSE ABUNDANTE ESTOQUE DE ATIVOS INVISÍVEIS, VOCÊ PRECISA ABDICAR DO CONTROLE E, ANTES DE MAIS NADA, ESTAR DISPOSTO A TER IDEIAS ROCK AND ROLL.

Você certamente se lembrará de um punhado de ideias malucas que teve durante a infância. Procure recordar algumas delas. Era maravilhoso, não é mesmo? Não havia limitações.

Lembre-se: Zilda Arns, William Kamkwamba, Herb Kelleher e tantos outros ao menos em algum momento de suas vidas foram considerados malucos por suas ideias atípicas. Uma das principais resistências em se recorrer aos ativos invisíveis é justamente o fato de serem não convencionais, e isso os torna menos atraentes para a maioria das pessoas. Presas à necessidade de "andarem na linha", descartam essas possibilidades de imediato sem saber o quanto estão perdendo.

É por isso que, desde a criação da Southwest Airlines, mais de uma centena de empresas aéreas faliram, enquanto ela acumula bilhões de dólares em lucros anualmente. As empresas que desapareceram do setor morreram abraçadas à sua busca incessante por alternativas convencionais e pelos ativos visíveis. Morreram procurando "na prateleira menor". Preferiram desaparecer a colocar em prática algumas ideias que poderiam ser consideradas "malucas demais".

Assim como o bilionário Elon Musk se permite passar madrugadas inteiras brincando de esconde-esconde, andando de bicicleta ou andando pela casa fantasiado de samurai,[31] não tenho dúvida de que apenas pelo fato de suas ideias serem não convencionais, muitas delas descartam de imediato alternativas brilhantes, mas que não "soariam" bem. "Um menino", diz seu biógrafo, Ashlee Vance, "fantasiar sobre o espaço e batalhas entre o bem e o mal é nada mais que diversão. Um menino que leva essas fantasias a sério é mais digno de nota. Era esse o caso do jovem Elon Musk. No meio de sua adolescência, ele havia misturado fantasia e realidade a ponto de ser difícil separá-las em sua mente".

Quando Bart Weetjens, um desenvolvedor de produtos que nasceu na Bélgica, decidiu viver na Tanzânia, além de muitas belezas naturais como praias paradisíacas, animais selvagens e o monte Kilimanjaro, ele se deparou com um grave problema que se arrastava por anos e afligia milhões de pessoas, mas que ninguém conseguia resolver, nem mesmo as autoridades e os especialistas no assunto. O país estava infestado de minas terrestres herdadas de períodos de guerra. Não fossem suficientes as mortes e amputações sofridas por crianças e adultos, essas minas condenavam a população à fome. Embora a terra fosse agricultável, ninguém arriscava a vida tentando plantar.

Ele viu que aquele não era um problema apenas da Tanzânia, ainda havia no continente africano mais de 40 milhões de minas espalhadas que faziam milhares de vítimas todos os anos. Esses países carentes ficavam totalmente dependentes da boa vontade estrangeira para poder removê-las.

"Eu poderia investigar", disse ele, "como seria possível fazer as pessoas menos dependentes da ajuda estrangeira e como capacitá-las a resolver o problema das minas por si mesmas".

Bart tinha um desafio e tanto: como, de forma rápida, acessível e barata, sem depender de ajuda internacional, eliminaria as minas terrestres abandonadas em países africanos para restabelecer a agricultura, vencer a fome e salvar vidas? Os guardiões do Modelo Mental da Escassez logo diriam: "Não dá. Se isso fosse possível, alguém já teria feito!".

O maior obstáculo em eliminar minas terrestres está em saber a sua localização. Uma vez encontradas, a remoção não é tão difícil. Realizando uma busca ativa por ativos que pudessem ser utilizados, ele viu... ratos. Isso mesmo, ratos! "Lembrei-me de meus ratos. Quando menino, eu tinha todos os tipos de ratos. Eu sabia que eles eram treináveis. Esta era a possível solução para a África. Ratos são predominantes em toda parte. Então, treinar ratos seria muito mais fácil e muito menos dependente de ajuda estrangeira e, assim, estaria empoderando as comunidades locais", disse.[32]

Ratos e camundongos figuram entre os animais de maior capacidade olfativa do reino animal, superando até mesmo os cães. Assim como cães são usados para farejar drogas e encontrar pessoas soterradas, Bart pensou na possibilidade de preparar ratos para encontrar, também pelo faro, as minas. Se eles apontassem a sua localização, extraí-las não seria tão difícil.

E TUDO O QUE ERA NECESSÁRIO PARA MUDAR A REALIDADE DE FORMA RADICAL JÁ ESTAVA DISPONÍVEL.

FUNCIONOU!

Ele desenvolveu um método para treinar ratos a encontrar minas e criou uma ONG para multiplicar esse ensinamento, fazendo com que as próprias comunidades pudessem eliminar as minas e recuperar suas terras para a agricultura.

Atualmente, a ideia de usar ratos para descobrir minas terrestres está sendo aplicada em cerca de uma dúzia de países africanos e mudando a realidade de forma radical. Graças a Bart, muitas pessoas agora podem explorar suas terras férteis e com isso combater a fome. Imagine quantas vidas foram poupadas das explosões. E tudo o que era necessário para mudar a realidade de forma radical já estava disponível, mas não era uma saída convencional. Sempre esteve lá, mas somente estando aberto a alternativas não convencionais foi que ele conseguiu ver a baleia e transformou zero em 100%.

Isso não é tudo. Outro grande problema do país é a tuberculose. A Tanzânia é um dos mais afetados do mundo pela doença que, se for detectada e tratada a tempo, apresenta substanciais chances de cura. Uma das principais causas de mortes se deve à demora no processo de diagnóstico da doença. Problema que ele resolveu também usando ratos. A partir de amostras de cuspe, Bart criou uma maneira gratuita e imediata de diagnosticar a doença, permitindo que o tratamento se inicie imediatamente e, mais uma vez, o resultado disso foram vidas salvas a custo zero.

Por último, ele está desenvolvendo uma técnica que usa os mesmos roedores para localizar pessoas soterradas sob escombros. Afinal, eles podem alcançar lugares que os cães não conseguem e podem fazer uma grande diferença no resgate de pessoas em países acometidos por terremotos. Detectando os ativos de que já dispõe, Bart, com suas ideias radicais, está promovendo grandes transformações.

1 **PATRIMÔNIO VISÍVEL**
Ativos Convencionais

2 **PATRIMÔNIO INVISÍVEL**
Ativos NÃO Convencionais

MALUCOS ESSENCIAIS

Estamos falando de possibilidades não convencionais. Ideias malucas que alguns rebeldes andam tendo por aí. Veremos que esses malucos, antes rejeitados, tornaram-se fundamentais. Há uma grande carência de pessoas com essa capacidade, pois elas transformam o mundo. Antes rejeitadas também no mundo empresarial, agora muitas empresas estão em busca de pessoas com esse perfil. De toda sorte, podemos ser levados a uma pergunta: tendo em mente que essas saídas não convencionais permitem atingir resultados impressionantes, de que maneira podemos saber se estamos diante de uma alternativa original, genial ou de algo verdadeiramente maluco? Essa é uma questão importante, afinal, vez ou outra nos deparamos com sujeitos que têm um "parafuso a menos", não é mesmo?

Exemplos como os de Herb Kelleher, Bart Weetjens, Zilda Arns, William Kamkwamba e outros tantos que veremos ainda me remetem a um exercício que mencionei no meu livro *Pense grande: atitudes e valores de pessoas de alto desempenho* (Editora Belas Letras, 2013):

Suponha que você é venture capitalist, um investidor em busca de boas alternativas de negócio. Eu vou te apresentar três oportunidades de investimento sobre produtos que eu pretendo lançar. São ideias únicas e originais e eu preciso que você decida em quais você vai investir o seu dinheiro.

NEGÓCIO 1

Enquanto o número de maternidades cai, a quantidade de Petshops aumenta. É cada vez maior o número de pessoas que adotam um animal de estimação. Em muitos casos, esses bichinhos ficam em casa sozinhos durante todo o dia até que os donos voltem do trabalho. Acabam sofrendo de estresse. Saem mordendo o sofá, o fio do abajur, e isso não é bom... Eles ficam ansiosos e até depressivos. Isso fez até surgir algumas terapias para cães, mas esses terapeutas caninos cobram muito caro.

Para evitar que isso aconteça e para que eles não se sintam sozinhos e abandonados, vamos lançar o Pet Music: um CD de músicas para animais de estimação solitários! O Pet Music pode acalmar, distrair, divertir e servir de companhia para o seu bichinho nos momentos de solidão. Fizemos uma seleção de músicas especialmente para eles. Ao sair de casa, você programa o seu aparelho de som para ligar justamente no momento em que ele mais sentir a sua ausência, e o seu animalzinho vai se deliciar com lindas canções. Enquanto você trabalha, ele se diverte e não se sente tão sozinho. Não é uma ótima ideia? E então, gostou? Vai investir?

☐

NEGÓCIO 2

E o que dizer daquelas pessoas que também gostariam de ter um animalzinho de estimação, mas não podem? Às vezes porque viajam com frequência, ou porque simplesmente acabam se esquecendo de cuidar dele. Essas pessoas não podem ficar de fora. Foi justamente pensando nelas que nós criamos sabe o quê? Uma rocha de estimação! Uma rocha não exige os mesmos cuidados que um animal de verdade, mas também é uma ótima companhia! E isso não é tudo, nós ainda podemos ajudar nesse relacionamento com seu "animalzinho geológico" oferecendo um manual de treinamento para rochas de estimação. Ele traz dicas importantes para que a relação com a sua pedrinha seja muito feliz! Seguindo essas recomendações, você vai poder ter momentos muito divertidos com ela. E isso não é tudo! Nós também vamos dar uma coleirinha para você poder levar sua rocha para passear por aí, porque pedrinhas adoram passear! Imagine só a alegria dela quando você chegar em casa depois de um longo período de viagem? Não é uma ideia fantástica? E então, vai investir?

☐

* Será que uma *joint venture* das duas primeiras ideias não deve ser considerada? Seria um CD de músicas para rochas de estimação um negócio promissor?

NEGÓCIO 3

Flores podem ser usadas em diversos momentos da vida, não é mesmo? Elas servem para presentear, celebrar, e estão em festividades, casamentos e em diversos momentos marcantes das nossas vidas. Mas elas também podem ser usadas em momentos de fúria! Às vezes você é traído, enganado, maltratado ou ignorado e não pode fazer nada contra as pessoas que causaram isso, não é mesmo? Agora você pode! Você está pronto para se vingar? Então, envie rosas mortas para essa pessoa! Você pode colocar alguns chocolates derretidos para acompanhar o cartão.

Gostou de algum desses negócios? Você vai investir em qual? Nos três? Em apenas dois? Um? Nenhum?!

Pois bem, nos Estados Unidos, o primeiro lote de 50 mil unidades do CD de músicas para cachorros acabou rapidinho, ao custo de US$ 20 cada. É um produto que vende muito bem. O manual de treinamento para rochas de estimação, criado por Gary Dahl, foi lançado nos anos 1980 e até hoje continua vendendo milhões de unidades ao preço de US$ 9 + frete (faça um teste e procure no eBay). O buquê de rosas mortas (que iriam para o lixo) pintadas com spray preto é um dos produtos mais vendidos em uma floricultura de Nova York, ao custo de US$ 55 dólares a dúzia.

Como diferenciar uma ideia original de um maluco com uma ideia absurda? Não sabemos. "Há uma fina linha", disse o músico americano Oscar Levant, "entre genialidade e loucura. Eu apaguei essa linha".[33]

O que sabemos é que o mesmo Modelo Mental da Escassez, com sua preferência por opções convencionais, tenderá a classificar como inviável tudo aquilo que contraria a sua lógica e com isso fechará portas para alternativas *rock and roll*, como as de Herb Kelleher; promissoras, mas que não passam no teste de "conformidade" ao *mindset* predominante.

Cadeira de rodas que sobe escada, elevador que "flutua" e se movimenta tanto na vertical quanto na horizontal, energia elétrica transmitida pelo ar, armazenamento de dados em bactérias para atuarem como uma espécie de HD, combustível cujo resíduo é água potável, areia que evita a perda de água no deserto, fita adesiva que gera raios X. Todas são ideias consideradas absurdas, cuja viabilidade já está assegurada e que estão causando grande impacto.

Se você é um amante de música contemporânea, deve conhecer o trabalho do compositor, escritor e artista norte-americano John Cage, famoso internacionalmente e considerado pelos críticos como um dos mais influentes compositores do século XX. A sua obra mais famosa se chama 4'33". Se você tiver oportunidade, procure por ela no YouTube e verá a sua grandiosidade.

Se não conseguir ouvir a música, não se preocupe. Não é o seu aparelho que está com problemas, é a música que não tem som mesmo! Sim, a composição dele é feita por 4 minutos e 33 segundos de silêncio! Absurdo? Não. Na verdade, John Cage rejeitava a concepção tradicional da criação musical e acreditava que o silêncio e o vazio eram componentes importantes de suas obras. Uma música sem música, entendeu?

Você viu o que fizeram com o estádio dos Yankees, aquele time norte-americano de beisebol? Os Yankees decidiram construir um novo estádio no lugar do antigo. Então, eles pensaram: que tal vender pedaços do gramado e restos de entulho do estádio velho como lembranças? Sim... para "compartilhar com os torcedores um pedacinho do templo sagrado dos Yankees". A ideia pode até parecer maluca, mas rendeu US$ 10 milhões.

"Se à primeira vista a ideia não for absurda", disse Albert Einstein, "não há esperança para ela".[34] O que eu desejo dizer com isso é que, sim, você pode voltar a ter ideias malucas como você tinha durante a infância. Essa é uma primeira atitude que precisamos resgatar para que tenhamos acesso ao patrimônio invisível que usaremos para alavancar as mudanças que buscamos para o mundo. Se no passado as pessoas evitavam ter ideias do tipo para fugir de problemas, hoje elas fazem justamente isso para solucioná-los.

Como se nota, a capacidade de ver os ativos invisíveis pode ser a diferença entre a vida e a morte. Para não morrer na praia, precisamos voltar a ser crianças e valorizar as ideias *rock and roll* que tínhamos. Ao mesmo tempo, fechar os olhos para alternativas não convencionais sob o ponto de vista do Modelo Mental da Escassez acaba provocando a inação e o sentimento de que não há saída, quando na verdade a saída existe, mas rompe as barreiras do convencional.

ISSO VALE TANTO PARA A VIDA QUANTO PARA O MUNDO DOS NEGÓCIOS.

Veja o caso da rede de supermercado britânica Tesco (sob o nome de HomePlus), que desembarcou na Coreia e chegou à segunda colocação naquele mercado, perdendo apenas para a rede E-Mart, que detinha um maior número de lojas. O objetivo deles: como alcançar a liderança de mercado sem ter que abrir novas lojas?

Em suas pesquisas, eles chegaram a um resultado curioso. Não adiantava abrir novas lojas para conquistar mais mercado (mesmo assim, eles não teriam recursos para isso) porque os coreanos simplesmente não estavam muito a fim de ir para o supermercado, eles andam exaustos. Ocupam a segunda colocação mundial entre os povos que mais trabalham; permanecem no trabalho em média quinze horas por semana a mais que nós, brasileiros, então a última coisa que eles querem é usar o seu raro tempo livre entrando no carro, indo ao supermercado, estacionando, pegando o carrinho de compras, escolhendo os produtos, colocando os produtos no caixa, pagando, recolocando os produtos no carrinho, indo até o carro, colocando os produtos no porta-malas, voltando para casa, retirando os produtos do carro e os colocando na despensa. Ufa. Isso é muito cansativo, imagine para alguém que esteja exausto de tanto trabalhar? Praticamente no único dia de descanso da semana, realmente esses trabalhadores querem fazer coisas mais interessantes do que compras no supermercado. Comércio eletrônico? Quantas vezes esquecemos de passar no supermercado depois de um dia exaustivo de trabalho? Será que lembraríamos de comprar pela internet? Não, o que acontece normalmente é um cochilo no metrô durante o percurso a caminho de casa.

Em outras palavras, o desafio envolveria resolver uma equação impossível:

Como, em um curto espaço de tempo, sem realizar grandes investimentos e sem abrir novas lojas, encontrar uma solução para a falta de tempo e interesse dos coreanos em ir ao supermercado e, ao mesmo tempo, elevar a participação para superar o líder?

Se a saída já está disponível, mas ignorada, como descobri-la? Se o ativo invisível está lá, como vê-lo? Um bom início para lidar com um problema tão desafiador poderia passar pela observação da rotina dos coreanos. Eles acordam bem cedo, tomam café da manhã, pegam suas coisas e saem de casa. Caminham até o metrô, entram no metrô, fazem

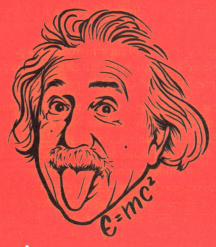

o trajeto até a estação mais próxima do trabalho. Desembarcam, andam até o trabalho. Trabalham, trabalham, trabalham muito. Saem esgotados e tarde da noite em direção ao metrô, e lá embarcam. Fazem o trajeto de volta para casa (normalmente cochilando), desembarcam, andam até suas casas, tomam banho, abrem a geladeira e aí percebem que precisam fazer compras. Comem algo rapidinho e dormem. E no dia seguinte tudo isso se repete.

Então, se eles não podem ir ao supermercado, era preciso encontrar uma maneira de levar o supermercado até eles. Se os coreanos não tinham tempo, a empresa precisaria criar tempo para eles.

A saída: montar uma espécie de supermercado dentro do metrô. Mas não era um supermercado de verdade. Nos vidros e paredes do metrô, eles colaram adesivos com imagens iguais às das gôndolas do supermercado real, que reproduzem os produtos em uma disposição muito parecida como a que os coreanos encontrariam se tivessem ido às compras. A experiência de compra era muito semelhante à ida a um supermercado, mas no metrô. Não tem como se esquecer de fazer compras quando o supermercado esbarra em você todos os dias. Os clientes percorrem as "prateleiras" usando o smartphone para escanear o código QR presente na foto de cada produto, que vai direto para o carrinho de compras virtual e pronto, a HomePlus entrega as compras quando os clientes chegarem em casa. Assim, os coreanos podem aproveitar melhor o tempo livre fazendo outras coisas mais interessantes, eliminando a parte cansativa de ir ao supermercado.

Espalhar essas "lojas" por pontos estratégicos elimina a necessidade de abrir lojas de verdade, com uma significativa redução de custos e de investimentos. Dizem que criar tempo é impossível, mas não foi justamente isso que a empresa fez para os coreanos, ao transformar o tempo de espera no metrô em tempo de compras?

O resultado: as vendas usando celular subiram tremendamente, houve aumento de 76% no número de membros registrados e de 130% nas compras on-line levando a marca a ocupar a liderança no mercado virtual e quase tomando a liderança no mercado off-line, tudo isso sem abrir novas lojas. Um belo salto.

AS POSSIBILIDADES DE APLICAÇÃO DOS ATIVOS INVISÍVEIS SÃO AS MAIS DIVERSAS, MAS, PARA VER A BALEIA, É PRECISO ABDICAR DO CONTROLE E DA CERTEZA E DAR AS MÃOS ÀS IDEIAS QUE CERTAMENTE SERÃO CONSIDERADAS NÃO CONVENCIONAIS. NÃO SE PREOCUPE, PERSISTIR NESSE CAMINHO VAI VALER A PENA.

Foi o que constatou uma das maiores cidades do mundo, que conseguiu algo improvável quando decidiu atingir um objetivo realmente desafiador: mesmo sem dispor de uma estação de tratamento de água, queria oferecer aos seus cidadãos uma das águas mais puras do mundo (a ponto de os habitantes poderem beber com segurança água direto da torneira, como podemos ver em alguns filmes) e ainda por cima a um custo menor do que outras cidades que oferecem à sua população água de qualidade inferior, mesmo dispondo de estações de tratamento.

O desafio dos funcionários do Departamento de Águas da cidade de Nova York era o seguinte: é possível oferecer água de baixo custo e alta qualidade sem ter que construir as demoradas e caras estações de tratamento e ainda por cima reduzir o impacto ambiental que a sua construção traria? Seguindo a lógica do pensamento convencional, toda cidade precisa ter uma estação de tratamento. Isso não se discute. No caso de Nova York, a construção de uma estação de tratamento suficientemente grande para abastecer seus mais de oito milhões de habitantes consumiria alguns anos, um orçamento de cerca de US$ 11,5 bilhões e um impacto ambiental monstruoso.

Para encontrar a solução para essa difícil equação, esses mesmos funcionários começaram pela observação de que normalmente a água nasce pura e fica poluída durante seu trajeto até a cidade que, por isso, precisa das estações para despoluí-la. Não seria mais fácil, barato e ecológico evitar que elas poluíssem? Mas como, quanto custaria e quanto tempo seria necessário? A ideia era proteger todas as nascentes presentes na região de Catskill em todo o caminho da água por cerca de duzentos quilômetros até chegar à cidade. Para isso, seria necessário construir pontes para evitar contatos de veículos e do gado com a água; oferecer aos fazendeiros instalações adequadas para recolherem os detritos animais (que viravam adubo e eram revendidos, gerando novas receitas para os agricultores); cercar e proteger as nascentes em cada uma das fazendas por onde a água passava. Todos esses investimentos mostraram-se muito mais rápidos, baratos e eficazes do que construir o caro e demorado reservatório. E não trariam quase nenhum impacto ambiental, ao contrário das estações de tratamento. E assim fizeram. Os fazendeiros receberam com alegria esses investimentos, pois suas propriedades foram valorizadas e sua renda aumentou. Em troca, concordaram em assumir compromissos por escrito de que suas terras seriam sempre fazendas, impedindo a exploração de atividades incompatíveis com a preservação da água. Felizes, tornaram-se guardiões da água, garantindo, assim, um século à frente de abastecimento para a cidade, preservando os mesmos mananciais. A superintendente do departamento, Emily Lloyd, afirmou: "Nosso consumidor não paga mais. Ele paga menos. Nosso custo é só com a filtragem e a desinfecção da água". E emendou: "Nova York investiu até agora US$ 1,5 bilhão nas montanhas de Catskill mas, em compensação, economizamos US$ 10 bilhões que teríamos gastado se tivéssemos construído as estações de tratamento que estavam previstas".[35]

Dinheiro público sendo investido em melhorias dentro de fazendas de propriedade privada? A possibilidade soaria absurda para aqueles que ainda estão presos ao pensamento convencional. "Isso não pode!", disparariam. Mais um resultado impossível atingido utilizando alternativas que já estavam disponíveis, mas que ninguém via. Outras cidades agora buscam o Departamento de Águas de Nova York para aprender o caminho das pedras, ou melhor, das águas. O impacto: oito milhões de pessoas bebendo água pura e barata.

Assim como Nova York decidiu criar e resolver uma equação impossível relacionada a desafios urbanos, vemos neste momento os Emirados Árabes Unidos inventarem outra: como criar a primeira cidade pós-petróleo do mundo, capaz de abrigar 50 mil habitantes, que não produzirá nenhum resíduo ou liberará nenhum carbono, não utilizará nenhum carro ou lixo e, mesmo estando no deserto, onde facilmente se atinge a temperatura de 40°C, sua população possa viver confortavelmente sem precisar de ar-condicionado?[36] A cidade de Masdar está em ritmo acelerado para resolver essa equação.

Retornando ao mundo dos negócios, Janine Benyus dá outro exemplo de como empresas estão expandindo sua visão ao adotar alternativas até pouco tempo consideradas impraticáveis e mudar o paradigma de como lidam com seus desafios: "Empresas de serviços públicos dos Estados Unidos estão começando a ajudar os consumidores a tapar os buracos de vazamento de energia com o dinheiro delas mesmas. No oeste de Montana, por exemplo, a minha cooperativa rural de eletricidade, que compra energia da Bonneville Power, pagou dois terços dos custos de isolamento térmico do meu sótão. Ela acredita que o isolamento térmico das casas dos seus clientes pode ajudar a manter o nível da demanda de energia abaixo daquele que a forçaria a construir uma nova central elétrica. Embora isso pareça insensato, a Bonneville vende menos eletricidade dessa forma, mas lucra tanto quanto se vendesse mais, pois eliminou do orçamento os custos de construção de novas centrais."[37] No Brasil, essa ideia também já chegou. A empresa de energia solar e eólica Enel substitui os aparelhos de refrigeração antigos dos seus clientes nas regiões mais pobres do país, que consomem muita energia, por aparelhos novos e mais econômicos. O resultado: redução do índice de inadimplência e mais rentabilidade para a empresa.[38]

Um fator que serve para justificar por que muitas empresas não conseguem perceber saídas como essas, mesmo incentivando sua equipe a ir nessa direção, está na maneira como algumas organizações implementam seus programas de incentivo aos colaboradores, para que contribuam com ideias que podem resultar em inovações que impactem positivamente nos resultados. Ao mesmo tempo em que incentivam a produção de inovações, encarregam pessoas com perfil conservador, convencional, focadas apenas no patrimônio visível para avaliar e julgar essas ideias. Obviamente, nada muito significativo sairá desse processo, porque muitas boas alternativas serão abortadas logo na origem por esses guardiões do Modelo Mental da Escassez, que não veem com bons olhos iniciativas que podem ser consideradas "fora da curva", "infantis" ou "simples demais".

Esses avaliadores não descartam essas ideias por mal, mas o fazem porque a alternativa que você apresenta difere do modelo mental deles. Estão com foco em suas experiências do passado (aquelas mesmas que quase mataram a criatividade) e não do futuro. Estão focados em ativos visíveis, não nos invisíveis. Enquanto em suas mentes eles ouvem música clássica, ideias não convencionais soam para eles como *rock and roll*. Imagine Herb Kelleher explicando sua estratégia de negócio ao mercado: "Sabe como nós vamos conseguir boa rentabilidade, ritmo estável de crescimento, bom desempenho no valor de nossas ações, uma boa participação no mercado, uma força de trabalho altamente produtiva com boa classificação no atendimento aos clientes e uma frota de aeronaves constantemente atualizada? Com diversão!". Certamente não seria levado a sério.

Por isso, a história coleciona muitos episódios de ideias *rock and roll* deixadas de lado por serem consideradas inovadoras demais por algumas pessoas de mentalidade mais conservadora. Einstein, por exemplo, ciente disso, ao concorrer ao Prêmio Nobel não apresentou sua ideia mais revolucionária, porque sabia que as pessoas ainda não estavam preparadas para ela. Enquanto, de um lado, o conservadorismo ainda encontra muito espaço nas empresas, de outro, os clientes querem justamente o oposto. De acordo com pesquisas, 70% das pessoas querem mesmo é ideias *rock and roll*, por isso acreditam que as pequenas empresas – e não as grandes marcas – são mais capazes de lhes oferecer isso. Esse dado indica que as grandes empresas, já consolidadas, estão oferecendo o mesmo de sempre: música clássica, enquanto o grande público deseja *rock and roll*! Então, se você trabalha em uma grande marca que já emplacou o seu sucesso, o que eu tenho a dizer a você é o seguinte: cuidado! Não deixe que o êxito do passado o impeça de exercer a insubordinação criativa que você tinha na infância e que rendeu esse sucesso. Essa postura pode levá-lo à sensação de estar em uma suíte presidencial... do *Titanic*. Assim como os mastodontes, vemos muitos gigantes da Fortune 500 desaparecerem enquanto pequenas startups estão tomando seus lugares e assumindo o papel de mudar o mundo em uma velocidade impressionante, chegando a romper, pela primeira vez na história, o valor de um trilhão de dólares. Surgem outras normalmente motivadas por um novo conceito de negócio: enquanto empresas tradicionais querem ganhar muito dinheiro em pouco tempo, oferecendo produtos/serviços que apenas poucos possam pagar, alguns desses novos empreendedores baixam suas margens de custo e de lucro ao menor patamar possível para que muitas pessoas possam pagar e por um longo período de tempo. A ideia é ter um lucro individual pequeno sobre uma base de clientes enorme.

Não, não há nada de errado em ter uma postura conservadora. Você pode continuar ouvindo música clássica. Mas se você quiser dar um salto, vai ter que voltar a manifestar um pouco da rebeldia que você já teve um dia. Antes mesmo dos três anos de idade você já a manifestava: queria comer sozinho, vestir as suas próprias roupas (mesmo ao avesso) e insistia em calçar seus sapatos sem ajuda dos pais, demonstrando que nenhum desenvolvimento significativo pode ocorrer dentro da zona de conforto. Durante a vida adulta, essa rebeldia deve permanecer. Airbnb, Uber, PayPal não deveriam existir, pois havia muitas leis que as impediam de funcionar. Mas, quando se tem a mentalidade *rock and roll*, é preciso fazer as pedras rolarem, colocando contra a parede práticas que não têm por que existir. Ao questionar o *status quo*, fazem o mundo se adaptar às suas soluções e, com isso, revelam que algumas regras do passado não fazem mais o menor sentido.

Os "nãos" em excesso recebidos ainda durante a nossa infância contribuíram para que nos tornássemos mais conservadores, enquanto o mundo anseia por resultados radicais. O que eu quero dizer com isso é que talvez não seja a melhor alternativa atribuir a pessoas menos abertas a novas possibilidades a tarefa de classificar as ideias oferecidas por seus funcionários como possíveis ou impossíveis, viáveis ou inviáveis. Continue ouvindo música clássica, mas vai ter que apreciar a ideia de que *rock and roll* também é legal, caso contrário, a saída promissora vai para a gaveta das consideradas sem viabilidade. Posso apostar que, se você revisitar as ideias que seus funcionários ofereceram, a partir desse novo olhar, encontrará entre elas alguns ativos invisíveis preciosos que poderão alavancar seus resultados e que foram descartados.

Infelizmente, ainda não existem muitos especialistas em ativos invisíveis dentro das empresas para ajudar nesse processo, que tem por condição básica a condução por pessoas abertas a novas e radicais possibilidades. Equações impossíveis exigem possibilidades radicais. Se o objetivo é ver o que não se via antes, não se pode pensar como se pensava antes. Nesse contexto, o convencional precisa dar alguma chance ao não convencional.

Durante a infância, você adorava ter ideias *rock and roll*. Essa é a primeira atitude que precisamos resgatar para restaurar o nosso potencial criativo para dar saltos e mudar o mundo.

Se os desafios que você precisa vencer tornaram-se muito mais complexos, e se as fórmulas que deram certo no passado não estão produzindo as transformações que você busca, é a hora de se reconfigurar, porque desafios impossíveis exigem atitudes incríveis.

Reconfigurar-se significa repensar algumas ideias preconcebidas e observar desafios com um pouco mais de profundidade.

Eu perguntei o que você acharia da ideia de ter que usar uma tecnologia totalmente nova, que você nunca viu, em um idioma que você não domina para, sozinho, aprender sobre uma matéria da qual você jamais ouviu falar. Crianças da Índia conseguiram fazer isso. O físico indiano Sugata Mitra é um desses românticos sonhadores que querem mudar o mundo e acredita que isso passa por vencer desafios no campo da Educação. Decidiu, então, procurar uma maneira para promover a educação em lugares onde não houvesse escolas nem professores, como aldeias rurais, por exemplo. Isso mesmo.

Como promover a educação, em um curto espaço de tempo e a um custo baixo, sem precisar de escolas nem de professores, já que em boa parte dos países pobres esses dois recursos são escassos?

É uma ótima equação impossível. Em uma de suas experiências, resolveu testar se "um grupo de meninos pobres de doze anos, falantes de tâmil, aprenderiam a usar a internet, que nunca haviam visto, conseguiriam aprender biotecnologia sozinhos, uma matéria da qual nunca ouviram falar, e tudo isso em inglês, língua que nenhum deles falava".

O que ele constatou foi que "crianças trabalhando em pequenos grupos não supervisionados, e sem nenhum treinamento formal, conseguiam aprender a usar computadores rapidamente e com grande proficiência".[39] E desenvolveu "ambientes de aprendizado auto-organizados" contendo uma série de divertidas práticas educacionais para um aprendizado de baixo para cima. Para isso, em vez de escolas, ele usou computadores. Notou que o rendimento dessas crianças aumentava quando havia alguém para apenas lhes dar palavras de incentivo. Nada ensinavam, apenas os estimulavam. Para isso, em vez de professores, ele mobilizou vovós que tinham esse papel de apenas encorajá-las. Essa fórmula revelou ser suficiente para que crianças, por si só e em pequenos grupos, obtivessem resultados superiores aos dos alunos das melhores escolas de Nova Déli.[40] Ele provou que, sim, "crianças rurais vivendo na pobreza adaptam-se aos computadores tão rapidamente como todas as demais crianças"[41] e têm a capacidade de aprenderem sozinhas, mesmo lidando com um idioma que não dominam.

COMPUTADORES E AVÓS: UMA RECEITA BARATA, RÁPIDA E ACESSÍVEL QUE PRODUZIU RESULTADOS IMPRESSIONANTES.

Se a proposta anterior pareceu distante de alcançar, o que você acha do desafio que um professor de uma escola pública de Ubatuba, São Paulo, fez ao seu grupo de crianças da 5ª série? Desenvolver e lançar no espaço um satélite 100% brasileiro. O projeto teve início de forma rudimentar, até que chegou o momento em que precisariam aprender técnicas especiais para o funcionamento da máquina no espaço. Como vencer essa etapa? A resposta estava a duas horas da escola, no Instituto de Pesquisas Espaciais – INPE, que, procurado, concordou em ensinar essas técnicas para as crianças. Em seguida, fizeram uma pesquisa sobre o projeto e a submeteram ao principal congresso japonês na área aeroespacial, e foram aceitas. Lá se vão crianças do interior de São Paulo, que nunca haviam viajado de avião, apresentar seu artigo do outro lado do mundo em um estande que chamou a atenção pela idade dos seus expositores. Os participantes do congresso, vindos de toda parte do mundo, jamais haviam visto crianças naquele universo dominado apenas por adultos. A inusitada participação rendeu convites para conhecerem a agência espacial japonesa, a Nasa e diversas oportunidades de apoio surgiram, inclusive da Agência Espacial Brasileira. O *Tancredo I*, nome do satélite batizado por eles, foi lançado em 2016 com o objetivo de coletar informações sobre fenômenos que interferem nas telecomunicações, e eles já estão trabalhando para lançar o *Tancredo II*. A odisseia dessas crianças foi registrada no documentário *UbatubaSat*, mostrando que crianças são capazes disso e que adultos com essa mesma mentalidade, também.

Esses exemplos revelam uma regra importante:

É PROIBIDO QUE UMA IDEIA *ROCK AND ROLL* SEJA CHATA. A CONCORRÊNCIA PARA PRODUZIR COISAS CHATAS JÁ É MUITO GRANDE. NÃO ENTRE NESSA DISPUTA.

RESUMO DO CAPÍTULO

EQUAÇÃO IMPOSSÍVEL	QUEM RESOLVEU
De que maneira podemos, mesmo sem dispor de recursos financeiros ou tecnológicos, em um curto espaço de tempo, prover energia elétrica gratuita para a população de um dos países mais pobres do mundo?	*William Kamkwamba, Tanzânia*
Como, em um curto espaço de tempo, sem dispor de dinheiro, alimentos, medicamentos, assistência médica e sem depender de doações, acabar com a mortalidade infantil de crianças carentes por desnutrição e desidratação?	*Zilda Arns, Brasil*
Como, de forma rápida, acessível e barata, sem depender de ajuda internacional, eliminar as minas terrestres abandonadas em países africanos para restabelecer a agricultura, vencer a fome e salvar vidas e, ainda por cima, diagnosticar de forma imediata e gratuita a tuberculose?	*Bart Weetjens, Tanzânia*
Como viabilizar uma companhia aérea de baixo custo, pagando, portanto, salários mais baixos que os das demais empresas, obtendo alta produtividade, baixa rotatividade de pessoal, com alta margem de lucro e ótimos níveis de segurança?	*Herb Kelleher, Estados Unidos*
Como, em um curto espaço de tempo, sem realizar grandes investimentos e sem abrir novas lojas, encontrar uma solução para a falta de tempo e interesse dos coreanos em ir ao supermercado e, ao mesmo tempo, elevar a participação para superar o líder?	*HomePlus, Coreia*
Como oferecer água pura e mais barata a oito milhões de pessoas, em um curto espaço de tempo, sem impactos ambientais e ao mesmo tempo economizar dez bilhões de dólares?	*Departamento de Água Nova York*
Como promover a educação, em um curto espaço de tempo, e a um custo baixo, sem precisar de escolas nem de professores, já que em boa parte dos países pobres esses dois recursos são escassos?	*Sugata Mitra, Índia*

IDEIA *ROCK AND ROLL*	ATIVO INVISÍVEL
Construir moinhos de vento para bombear água.	Restos de madeira, dínamos velhos de bicicleta, uma hélice de motor de trator e outras coisas que ele havia achado no lixo.
Multimistura e soro caseiro.	*Folhas de plantas que as pessoas enxergavam como mato, mas que na verdade tinham alto valor nutricional. O pó da casca do ovo, a semente de abóbora e o pó da folha de mandioca, torrados e triturados, cascas de maracujá e tantos outros ingredientes que eram jogados no lixo e que, tratados e combinados, poderiam ser usados para fazer bolos, broas, tortas, papinhas, esfihas, patês, sucos e chás. Para o soro caseiro: um copo com água, uma pitada de sal e duas colheres de açúcar.*
Treinar ratos para detectar, pelo faro, a localização de minas terrestres, permitindo a sua remoção e, a partir da saliva humana, diagnosticar a tuberculose para iniciar imediatamente o tratamento.	Ratos.
Permitir que os funcionários se divirtam durante o expediente, fazendo piadas e pregando peças em colegas e passageiros.	Diversão.
Criar "supermercados" em lugares de grande concentração para que as pessoas façam suas compras para serem entregues quando estiverem chegando em casa.	Espaços no metrô e em locais de grande concentração e movimentação de pessoas.
Proteger a água em todo o seu trajeto, fazendo investimentos nas fazendas para isolar fontes de infecção.	Os próprios cursos d'água.
Ambientes de aprendizado auto-organizados.	Vovós e computadores.

Atitude da infância que deve ser recuperada: *adorar ter ideias rock and roll.*

Características do ativo invisível: *são não convencionais.*

BULLYING

O indiano Bunker Roy, filho de pais ricos, seguia todos os padrões para ter um futuro promissor. Ele poderia se tornar o que quisesse. Tudo estava correndo conforme os planos que a família havia traçado para ele. Tornou-se, inclusive, campeão nacional de squash por três anos. Seria bem-sucedido em sua profissão, seja ela qual fosse; um futuro brilhante estava à sua frente.

Até que testemunhou uma severa crise de fome assolar a cidade de Bihar, na Índia, quando muitas pessoas morreram. "Isso mudou a minha vida", disse. Ao visitar uma aldeia para ver como viviam os pobres que auferiam renda inferior a um dólar por dia, decidiu viver nessas aldeias para contribuir de alguma forma. Naquele momento lhe ocorreu somente cavar poços.

Obviamente, essa não foi uma decisão bem recebida por sua família. Sua mãe cortou relações com ele por um bom tempo, afinal, cavar poços não era exatamente o que havia projetado para o filho. Na verdade, segundo ela, ele havia se tornado motivo de decepção e vergonha para a família.

Foi nessas aldeias que ele teve contato com o que define ser "os mais extraordinários conhecimentos e habilidades que as pessoas muito pobres têm, que nunca são trazidos a público, que nunca são identificados, respeitados, aplicados em larga escala". Ele se referia ao conhecimento presente nas tradições, e à maneira como as comunidades locais solucionam seus inúmeros problemas e desafios utilizando o ecossistema, a medicina tradicional e outros ativos disponíveis nessas mesmas localidades.

Teve, então, a ideia de fundar, em uma comunidade rural em plena região montanhosa do deserto de Rajastão, uma universidade voltada somente aos pobres – obviamente gratuita – com o objetivo de compartilhar e difundir esses conhecimentos.

O seu desafio era o seguinte:

> *Como, em uma região desértica, sem recursos financeiros, sem apoio do governo e sem contar com professores remunerados, implantar uma universidade para os pobres, gratuita, escalável para vários outros países, com o objetivo de difundir o rico conhecimento presente em comunidades carentes, levando em conta o analfabetismo e as diferenças de idioma?*

A equação impossível dele era tão complexa e exigiria tantos ativos invisíveis que precisava ser analisada por partes.

PRIMEIRO DESAFIO:

Como construir a universidade? Tudo o que ele tinha era um terreno em uma comunidade rural e carente de uma região montanhosa e desértica de um país pobre. "Não há nada aí" seria o pensamento tradicional, mas não para quem adota o *Mindset* de Oportunidades.

Quando consultou um perito a respeito da viabilidade do terreno onde a universidade se ergueria, veio a sentença: "Esqueça, não há hipótese. Nem vale a pena tentar, não há água e o solo é rochoso", disse o especialista. A ideia contrariava a lógica vigente. Em outras palavras, era *rock and roll* demais para os experts. Roy recorreu, então, aos anciãos da aldeia que, de forma oposta, viram grande potencial na mesma iniciativa. "Faça isso... Faça aquilo... E dará certo". E deu... Seguindo a orientação desses "arquitetos" analfabetos, a construção foi erguida ao custo de US$ 1,50 o metro quadrado, porque eles usavam recursos retirados das imediações do próprio deserto. Os materiais para erguer o prédio estavam lá o tempo todo. As mulheres, por exemplo, desenvolveram uma tecnologia para impermeabilizar o telhado a partir de uma mistura de açúcar mascavo e – para surpresa de muitos – urina. Segundo ele atesta, a fórmula é valiosa, pois "desde 1986 nunca houve um vazamento". Os ativos invisíveis para o primeiro desafio foram encontrados.

SEGUNDO DESAFIO:

Água. Como abastecer uma escola com água em um lugar onde ela é o produto mais escasso, com poucos episódios de chuva? Todos os telhados dos pavilhões foram ligados, no subsolo, a um tanque com capacidade de armazenar cerca de 400 mil litros de água, quantidade suficiente para a demanda da universidade.

TERCEIRO DESAFIO:

Como abastecer a universidade com eletricidade? Toda a eletricidade necessária provém da energia solar, cujos painéis solares foram instalados por um padre hindu que tem apenas o ensino primário. "Ele sabe mais sobre energia solar que qualquer outra pessoa que eu conheça neste mundo, garantidamente", afirma Roy. A comida é preparada em sofisticados fogões solares parabólicos fabricados por mulheres analfabetas.

Com a parte estrutural bem resolvida, era hora de pensar na parte pedagógica da universidade.

QUARTO DESAFIO:

Professores. Quem seriam os professores dispostos a ensinar de graça? Os anciãos da aldeia que orientaram a construção fizeram apenas uma exigência: que não trouxesse ninguém com grau acadêmico ou qualificação para ensinar na universidade. "É a única universidade na Índia na qual quem tem um doutorado ou um mestrado está desqualificado para entrar", brinca Roy. Talvez porque esses especialistas tenham o hábito de descartar alternativas que eles próprios sabem serem viáveis. Os professores, então, são os membros da comunidade que detêm habilidades a compartilhar. A universidade foi fundada a partir da ideia de que profissional "é alguém que tem uma combinação de competência, confiança e crença". Um oleiro, uma parteira, várias pessoas que poderiam compartilhar suas habilidades e conhecimentos. "Quem vier pelo dinheiro, não entra na universidade", alerta Roy, mas "quem vier pelo trabalho e pelo desafio, quem quiser tentar criar ideias malucas" será bem-vindo. A dentista é uma avó, também analfabeta, que trata dos dentes de milhares de crianças.

QUINTO DESAFIO:

Combater a evasão escolar. Como as crianças precisam ajudar a cuidar dos animais, foi criada uma escola noturna para elas. Com isso se resolveu o problema da altíssima evasão escolar. Nos vários campi que se ergueram, cerca de 75 mil crianças passaram a estudar à noite. Nas aldeias em que o analfabetismo é muito elevado, são usados fantoches no processo educacional, feitos de "relatórios do Banco Mundial reciclados", provoca Roy.

SEXTO DESAFIO:

Gestão da escola. Quem seriam os administradores? Os líderes da escola são escolhidos a cada cinco anos por eleição, na qual as crianças também votam. Entre elas próprias é escolhido um primeiro-ministro que, auxiliado por outros (educação, saúde, energia), ajuda na administração e coordenação das escolas.

No momento de expandir o modelo para outros lugares e países, outros desafios surgiram. Pessoas de outras aldeias eram convidadas a conhecer a escola e a aprender o processo para implantar em suas próprias comunidades como multiplicadores. No Afeganistão, os homens não quiseram ser multiplicadores, então eles convidaram as mulheres idosas. Primeiro, três delas foram enviadas à Índia e, depois, mais e mais mulheres tornaram-se "engenheiras solares" e ficaram responsáveis por aplicar essas tecnologias em suas próprias aldeias. Muitas avós se tornaram instrutoras e replicadoras desse conhecimento.

SÉTIMO DESAFIO:

Como treinar mulheres a construir, por exemplo, painéis e fogões solares se instrutora e alunas, ambas analfabetas, não falam sequer o mesmo idioma? A ideia *rock and roll* que funcionou bem: a linguagem gestual e a imitação. Logo estavam reunidas mulheres de diferentes nacionalidades, com idiomas distintos, a se comunicarem usando apenas isso.

E assim, funcionando com essa simplicidade, a Universidade dos Pobres se espalhou pelo mundo, com mais de 150 unidades implantadas em países como Etiópia, Serra Leoa, Butão, entre outros, tornando autossuficientes muitas comunidades rurais pelo mundo.

Por esse projeto, Bunker Roy foi considerado pela revista *Time* uma das cem pessoas mais influentes do mundo e uma das cinquenta personalidades que podem salvar o mundo. Tudo o que ele precisava para alcançar esse resultado já estava disponível. Um tesouro aguardando por alguém com uma visão mais aberta para ser descoberto. No entanto, tudo que ele precisou para seu projeto era discriminado pelos experts no assunto e por sua própria família, que certamente ficou orgulhosa.

O QUE EU QUERO DIZER COM ISSO É QUE:
O SEU PATRIMÔNIO INVISÍVEL É COMPOSTO POR UMA SÉRIE DE RECURSOS QUE AS OUTRAS PESSOAS CONSIDERAM SEM UTILIDADE, INVIÁVEIS E SEM VALOR. EM OUTRAS PALAVRAS, SÃO ATIVOS QUE SOFREM BULLYING.

"Não há nada ali"; "Isso não serve para nada"; "Não há utilidade prática"; "Não tem valor". É o que dizem os seguidores do Modelo Mental da Escassez quando olham para o círculo maior. "Tudo de que eu preciso está aqui", é o que diz quem tem o *Mindset* da Oportunidade quando olha para o mesmo lugar. Como podem ter posicionamentos tão contrastantes?

Fugindo de uma sangrenta ditadura que se instalou em Uganda e refugiando-se primeiramente no Quênia e depois emigrando para os Estados Unidos, Derreck Kayongo tornou-se empresário, ativista de direitos humanos, referência internacional em sustentabilidade e saúde global e, em 2011, recebeu o título de Herói da CNN dado pela mesma rede de TV americana.

Tudo isso teve início nos primeiros dias que chegou à América. A quantidade e a variedade de sabonetes que ele encontrou no quarto do seu hotel chamou a sua atenção. Mas o que o deixou verdadeiramente chocado foi o fato de terem substituído um sabonete que ele havia usado apenas uma vez, no dia anterior, por outro novinho. A primeira reação foi de indignação, ele acreditava que iriam cobrar a cada substituição de sabonetes: "Ah, não se preocupe, é cortesia. Nós substituímos o sabonete dos hóspedes todos os dias", disse a recepcionista ao ouvir sua preocupação.[42]

O sabonete que está no banheiro é um detalhe irrelevante para inúmeras pessoas que se hospedaram em hotéis. Mas não para um refugiado que já experimentou viver em condições higiênicas precárias. Ele sabia que dois milhões de pessoas morrem todos os anos em função de doenças causadas por falta de higienização, principalmente das mãos. Aquilo era um tesouro ignorado: "Você não vai acreditar. Nos Estados Unidos, eles jogam fora o sabonete depois de terem usado apenas uma vez!", disse, intrigado, em um telefonema ao pai.[43]

A partir de um sabonete deixado no banheiro do seu quarto de hotel, o mesmo que tantas pessoas ignoraram, ele criou a Global Soap, uma organização que recolhe sabonetes usados e que seriam jogados no lixo para reciclá-los e enviá-los a regiões do mundo onde as condições sanitárias são precárias, para evitar boa parte dessas duas milhões de mortes. E foi por essa ação que ele se tornou um Herói da CNN ao contribuir para a redução da mortalidade infantil em mais de 30% nos locais em que sua organização está presente.

Se estamos em busca de saídas para resolver desafios, alguns deles aparentemente impossíveis, é importante saber que, muitas vezes, o ativo de que precisamos para atingir os resultados que buscamos não é quantificável e, por isso mesmo, muitas pessoas o desvalorizam ou não veem qualquer utilidade ou potencial nele. Ocorre que o ativo invisível pode estar justamente naquilo que alguns julgam ser irrelevante ou sem potencial.

Muitos recursos são ignorados, maltratados, subestimados e rotulados de sem valor, sem importância, esquisitos, indesejados ou sem potencial.

O que quero dizer é que, muitas vezes, não somos capazes de conferir nenhum valor ou utilidade para uma série de ativos que estão à nossa volta, justamente os que compõem o nosso patrimônio invisível. É preciso lembrar que, até pouco tempo atrás, a luz solar era ignorada como uma fonte energética viável. No entanto, sob o Modelo Mental da Oportunidade, esses mesmos ativos são fundamentais para a obtenção de resultados concretos, palpáveis, quantificáveis e surpreendentes.

Para ajudar as pessoas a preservar seus alimentos em regiões sem energia elétrica, ao observar o círculo maior com um olhar mais apurado, Mansukh Prajapati, um ceramista da Índia, criou um refrigerador feito apenas de argila e que não consome eletricidade. Esse refrigerador mantém frutas e vegetais frescos por vários dias. Na África, empreendedores locais desenvolveram uma forma de recarregar celulares usando bicicletas. Uma startup do Vale do Silício chamada Be-Bound criou uma maneira de garantir acesso à internet mesmo em áreas sem banda larga, Wi-Fi, 3G ou 4G, usando uma alternativa confiável e amplamente disponível e presente nos celulares, mas que ninguém dá muita bola nos tempos de WhatsApp: a tecnologia SMS.[44] Ela desenvolveu uma tecnologia de nuvem capaz de manter as pessoas com acesso à internet, mesmo que sem sinal, usando mensagens de texto a partir da rede 2G, que muitos consideram ultrapassada, mas que é suficiente para atuar como camada de transporte de dados entre o telefone e a internet. Com o crédito de mensagens pré-pagas, o telefone se mantém conectado à internet. Assim, eles conseguiram aumento de cobertura, sem realizar investimentos em infraestrutura, com todas as operadoras do mundo e por uma fração do preço que o roaming custaria.[45]

Esses são apenas alguns exemplos de soluções advindas de ativos cujo potencial e utilidade eram subestimados e que estão sendo usados para mudar o mundo quando se olha para o círculo dos ativos invisíveis. Justamente como fez, ainda no início dos anos 1960, um sexagenário neozelandês, cardíaco, meio surdo e sem dinheiro, chamado Herbert

O <mark>ATIVO INVISÍVEL</mark> PODE ESTAR JUSTAMENTE NAQUILO QUE ALGUNS JULGAM SER IRRELEVANTE OU SEM POTENCIAL.

James Munro, mais conhecido como Burt Munro. O idoso passava os seus dias de aposentado em um modesto galpão, onde vivia, mexendo e remexendo em sua motocicleta, quando tomou uma decisão. Sairia da Nova Zelândia e iria a Bonneville, estado de Utah, nos Estados Unidos, para participar da Speed Week, uma competição em que os mais rápidos veículos e pilotos do mundo se reuniam. O objetivo dele era muito simples: atravessar meio mundo para quebrar o recorde mundial de motovelocidade. Essa história foi contada no filme *Desafiando os limites*, com Anthony Hopkins. Vale a pena assistir.

Obviamente, para isso são necessários alguns recursos: dinheiro, equipe e equipamentos especiais. Correto? Sim. Mas ele não tinha nada disso. Mas como alguém que sabia que estava em cima de uma baleia, ele acreditava que precisava realizar uma busca ativa por ativos invisíveis. Em outras palavras, ele já tinha tudo isso! Algum dinheiro ele obteve penhorando seu velho galpão. A equipe dele não poderia ser mais motivada e comprometida: ele próprio. Equipamentos especiais? Olhando para o lado, lá estava: sua moto Indian com pouco mais de vinte anos de uso e que mais parecia uma bicicleta velha, cuja velocidade original não passava de 90 km/h e que usava uma rolha de garrafa de conhaque como tampa do tanque de combustível. Freios especiais? Para quê? Ele queria acelerar, e não frear!

Para a alegria dos vizinhos que reclamavam do barulho da sua "super" moto, encaixotou a máquina e seguiu para a América. Lá chegando, esqueceu-se de um outro detalhe: ele não havia sequer sido inscrito para a competição. Além disso, não correspondia ao estereótipo de competidor, pois era tido como velho demais para estar ali. A partir das crenças estabelecidas na época (perdurariam mesmo se fosse hoje?), os organizadores consideraram inusitada a situação: um idoso chegando sozinho em uma moto caindo aos pedaços querendo participar de um evento exclusivo para superpilotos, supermáquinas e suas grandiosas equipes. O ceticismo era total. Ele estava muito distante de atender aos critérios mínimos exigidos na competição. Além do mais, ninguém jamais ouvira falar dele, não pertencia àquele meio. O exótico e engraçado velhinho era uma figura *rock and roll* demais e destoava do cenário.

De tanto insistir, os organizadores concordaram em medir o seu tempo. Na verdade, estavam mais interessados em se verem livres do sujeito. E o improvável aconteceu. Com a sua velha moto, ele atingiu espantosos 295 km/h (medição oficial). Não oficialmente, ele atingiu 305 km/h, quebrando o recorde em motos de até 1000 cc.

Munro voltou a Bonneville outras vezes. Em 1967, ele quebrou o seu próprio recorde, alcançando incríveis 320 km/h. Transcorridos cinquenta anos, ninguém ainda foi capaz de superar a marca deixada pelo simpático idoso. Ele usou os ativos que ele mesmo tinha, mas que outras pessoas subvalorizavam porque não acreditavam que poderiam ser suficientes para realizar a façanha. "Não há nada ali", é o que a maioria das pessoas disse a Munro quando viu o que ele tinha. Sua proeza foi conseguir resolver uma equação impossível dando valor aos ativos que ele já possuía, enquanto a maioria não percebia neles qualquer potencial.

Muitas pessoas, seguindo o Modelo Mental da Escassez, não conseguem criar as mudanças que buscam para sua vida porque não acreditam na utilidade e no potencial das alternativas que já estão à sua disposição. Esse grupo de pessoas prefere e insiste em dar mais atenção àquilo que lhes falta e, assim, perdem não apenas a oportunidade de causar grande impacto, mas também um tempo precioso.

Um professor de Economia de Bangladesh, Muhammad Yunus, sabia muito bem onde estava: em um dos países mais pobres do mundo, com elevada densidade populacional (imagine 150 milhões de pessoas vivendo em um território equivalente ao do estado do Amapá) e alto índice de analfabetismo. No país, muita gente tentava melhorar de vida desenvolvendo microempreendimentos, mas encontrava um inimigo que dificultava seu avanço: a falta de um capital mínimo para empreender. Por isso, algumas delas arriscavam recorrer a agiotas (que chegavam a cobrar juros de 10% por semana!) e por isso tornavam-se ainda mais pobres. Outras estavam nas mãos de intermediários, que financiavam a produção e ficavam com todo o lucro de sua atividade. Em ambos os casos, a imensa maioria permanecia sob um constante ciclo de miséria.

Ele ficou sensibilizado quando conheceu uma mulher que fazia lindos tamboretes de bambu e os revendia para esses mesmos intermediários. Ao fim do processo, restava a ela um lucro equivalente a dois centavos de dólar por dia. Mais chocado ainda ficou ao perceber que o capital necessário para que ela comprasse bambus e rompesse com esse ciclo era de apenas 22 centavos de dólar. Mesmo sendo um valor tão pequeno – para ele –, não havia ninguém disposto a oferecê-lo. "Nos cursos que ministrava", disse ele, "eu falava em milhões de dólares e ali, sob meus olhos, os problemas da vida eram decididos por centavos. Alguma coisa estava errada. Por que o curso da universidade não refletia em nada a realidade? Eu estava furioso comigo mesmo, furioso com o mundo tão duro e impiedoso".

Tomado por esse sentimento de indignação, decidiu então fazer o que podia com aquilo que tinha e onde estava, como fazem as crianças. A ideia: abrir um banco destinado a pessoas carentes. Obviamente, por não disporem de garantias, o banco não poderia exigi-las e também não seria necessário que assinassem contratos para obter empréstimos.

O capital para conceder os primeiros empréstimos: 27 dólares. Com esse dinheiro, ele fez empréstimos a 42 pessoas.

Apesar da desconfiança generalizada, em alguns anos, o banco que ele criou (Grameen) passaria a funcionar em cerca de cinquenta países (inclusive em países mais desenvolvidos, como Estados Unidos e França). Ultrapassou a marca de US$ 10 bilhões emprestados. O banco beneficiou mais de 8,34 milhões de pessoas, apresentando uma taxa de restituição de 98%, superior à dos bancos tradicionais. Passou a financiar também a construção de casas, a assistência à saúde e à aposentadoria, a piscicultura, as telecomunicações etc. Somente em Bangladesh está presente em 72 mil povoados.

O trabalho de Yunus lhe rendeu o reconhecimento da Unicef, da Unesco, do Banco Mundial, da Agência Canadense para o Desenvolvimento Internacional, entre outras entidades internacionais. Em 2006, ele recebeu o Prêmio Nobel da Paz. Seu projeto já retirou da pobreza cem milhões de pessoas.[46]

Ele segue com sua equação impossível, para a qual tem dedicado a vida: "como fazer com que, até o ano de 2030, nenhuma pessoa no mundo seja classificada como pobre sem para isso fazer uso da filantropia que, por sua natureza, torna as pessoas mais dependentes em vez de resolver o problema?"

1 PATRIMÔNIO VISÍVEL
Mensuráveis

2 PATRIMÔNIO INVISÍVEL
Pouco Valorizados

Já lhe ocorreu a possibilidade de que o talento de que você precisa para ajudá-lo a resolver equações impossíveis e dar um salto já está dentro da sua própria equipe? A Sloan School of Management da Massachusetts Institute of Technology – MIT analisou uma série de organizações globais e identificou a existência de "bolsões valiosos de talentos escondidos" muito maior do que os líderes percebem. Essas pessoas, por não serem notadas por seus líderes, tendem a ser mal avaliadas ou deixam a organização, interrompendo o processo de busca por saídas que provoquem impactos reais, prejudicando a geração de receita e de eficiência ou inovações-chave da própria empresa à qual pertencem. Impactos considerados pelo mesmo levantamento como "devastadores".[47] A Dow Chemical, por exemplo, uma corporação americana de produtos químicos, plásticos e agropecuários, percebeu isso muito tarde e teve que passar a usar tecnologias sociais para recontratar essas pessoas que, ignoradas, foram procurar oportunidades em outras empresas do mercado.

A mesma pesquisa identificou um grupo "surpreendentemente grande" de colaboradores classificados como de alto desempenho e que estavam sendo subutilizados. Envolver todo esse potencial em seus desafios pode implicar avanços significativos, revelando que os visionários de que você precisa já estão "dentro de casa".

QUAIS OUTROS ATIVOS INVISÍVEIS JÁ ESTÃO DENTRO DE CASA E NÃO ESTÃO SENDO NOTADOS?

O recém-formado em Design Joe Gebbia estava sem dinheiro e, como é muito comum entre os norte-americanos, organizou uma venda de objetos em sua garagem. Um homem em um Mazda vermelho que estava cruzando o país veio comprar um de seus objetos. Joe o convidou para tomar uma cerveja e, ao final, perguntou por educação onde ele iria dormir naquela noite. E teve como resposta: "Na verdade, não tenho onde dormir".

Isso o deixou desconfortável. Ter feito aquela pergunta despretensiosa parecia tê-lo levado a uma encruzilhada, como se agora ele tivesse que oferecer a sua casa a alguém que acabara de conhecer. Mesmo cheio de receio, ele falou: "Eu tenho um colchão de ar e você pode dormir na minha sala". Embora a voz na sua cabeça dissesse: "O que eu fiz? Tem um completo estranho dormindo na minha sala. E se ele for um psicopata?". Por sorte, ele não era um e, na verdade, tornaram-se amigos.

"OS **ATIVOS INVISÍVEIS** DE QUE VOCÊ PRECISA PODEM ESTAR JUSTAMENTE NAQUILO EM QUE AS DEMAIS PESSOAS NÃO RECONHECEM QUALQUER VALOR OU UTILIDADE.

PRESTE ATENÇÃO NESSES RECURSOS QUE ALGUNS "ESPECIALISTAS" INFLUENCIADOS PELO MODELO MENTAL DA ESCASSEZ CONDENAM OU DESCARTAM."

A partir dessa experiência, Joe sempre levava consigo colchões de ar, inclusive quando se mudou para São Francisco, dois anos depois. Não bastasse estar desempregado e quase sem dinheiro, um colega com quem dividia o aluguel o deixou, fazendo com que suas despesas aumentassem ainda mais. Além disso, o valor do aluguel subiu.

Foi quando soube que haveria uma conferência de Design na cidade e os hotéis ficaram lotados. A ideia que deu para seu outro colega de casa, Brian Chesky, foi: "Brian, pensei em um jeito de ganhar uma graninha: transformar nossa casa em uma 'pousada para designers'; oferecer a esses designers um lugar para dormir com Wi-Fi, espaço de escritório pequeno, um colchão [de ar] e café da manhã incluso".

Fizeram um website bem simples oferecendo "AirBed and Breakfast" (colchão de ar e café da manhã) e três pessoas se hospedaram ao preço de vinte dólares cada. E todos adoraram a experiência e conheceram a cidade juntos. Os anfitriões descobriram uma forma de fazer novos amigos e que ainda por cima ajudou a pagar o aluguel.

Surgiu, então, o airbnb.com, da fusão das palavras *airbed and breakfast*: a empresa atualmente avaliada em mais de US$ 30 bilhões e presente em mais de 190 países. A equação impossível que esses jovens resolveram:

Como ser a maior empresa de hospedagem do mundo sem ter um único quarto?

Uma outra grande empresa brasileira decidiu catalogar os espaços vazios que ela tinha em suas diversas dependências espalhadas pelo país quando descobriu um valioso patrimônio, inclusive prédios inteiros que poderiam ser vendidos ou alugados apenas com a realocação e reordenação da ocupação desses espaços.

Nessa mesma direção, você alguma vez já catalogou coisas que você comprou e acabou nunca usando? Eles poderiam ser usados em alguns de seus projetos? Estima-se que apenas os australianos gastem, anualmente, cerca de dez bilhões de dólares em bens que não usam. E quanto aos bens que a sua empresa comprou e não usa, igualmente haveria aqui uma série de itens compondo o patrimônio invisível da empresa? O que dizer então desses "bens" das cidades ou países que estão em desuso?[48]

RESUMO DO CAPÍTULO

EQUAÇÃO IMPOSSÍVEL	QUEM RESOLVEU
Como, em uma região desértica, sem recursos financeiros, sem apoio do governo e sem contar com professores remunerados, implantar uma universidade para os pobres, gratuita, escalável para vários outros países, com o objetivo de difundir o rico conhecimento presente em comunidades carentes, levando em conta o analfabetismo e as diferenças de idioma?	*Bunker Roy, Rajastão*
Como, em um curto espaço de tempo, sem dispor de investimentos, reduzir o número de mortes causadas por falta de higienização, principalmente das mãos?	*Derreck Kayongo, Estados Unidos*
Como, sem realizar investimentos financeiros e tecnológicos e de forma imediata, oferecer para pessoas carentes um refrigerador eficiente o suficiente para aumentar o tempo de preservação de seus alimentos?	*Mansukh Prajapati, Índia*
De que forma podemos garantir acesso à internet em regiões desatendidas por banda larga?	*Be-Bound, Estados Unidos*
Quebrar o recorde mundial de motovelocidade, em curto espaço de tempo, sem dispor de dinheiro, equipe ou equipamentos especiais.	*Burt Munro, Estados Unidos*
Como promover a educação, em um curto espaço de tempo, e a um custo baixo, sem precisar de escolas nem de professores, já que em boa parte dos países pobres não há escolas nem professores suficientes ou dispostos a atuar em algumas regiões, como aldeias rurais, por exemplo?	*Sugata Mitra, Índia*
Como fazer com que, até o ano de 2030, nenhuma pessoa no mundo seja classificada como pobre, sem para isso fazer uso da filantropia que, por sua natureza, torna as pessoas mais dependentes em vez de resolver o problema?	*Muhammad Yunus, Bangladesh*
Como ser a maior empresa de hospedagem do mundo sem ter um único quarto?	*Joe Gebbia, Estados Unidos*

IDEIA ROCK AND ROLL	ATIVO INVISÍVEL
Criar uma universidade para os pobres.	Utilização de recursos disponíveis na região que eram subvalorizados. Utilização da sabedoria de pessoas comuns, muitas vezes sem qualquer escolaridade.
Recolher os sabonetes utilizados em hotéis, reciclá-los e distribuí-los a populações que não têm acesso a produtos de higiene.	O sabonete deixado no quarto do seu hotel.
Desenvolver um refrigerador que não utilize energia elétrica.	Argila.
Utilizar alternativa que já está nos próprios celulares.	Tecnologia SMS.
Partir para os Estados Unidos, mesmo sem ter se inscrito na competição.	Sua moto Indian com pouco mais de vinte anos de uso e que mais parecia uma bicicleta velha, cuja velocidade original não passava de 90 km/h e que usava uma rolha de garrafa de conhaque como tampa do tanque de combustível.
Deixar que as crianças aprendam por si sós, sem orientação de professores, sendo apenas encorajadas por vovós.	Uma estação com computador e cadeira para grupos de quatro crianças encorajadas por vovós que voluntariamente ofereciam uma hora por dia.
Criar um banco para os pobres que não exige garantias e nem a assinatura de contratos.	US$ 27
Criar uma plataforma em que pessoas possam alugar seus "espaços vazios" para hospedar pessoas que não conseguiam vagas em hotéis e que se ampliou para o mercado de hospedagem em geral.	Um colchão de ar.

Atitude da infância que deve ser recuperada: *atenção a todos os recursos.*
Características do ativo invisível: *são subvalorizados.*

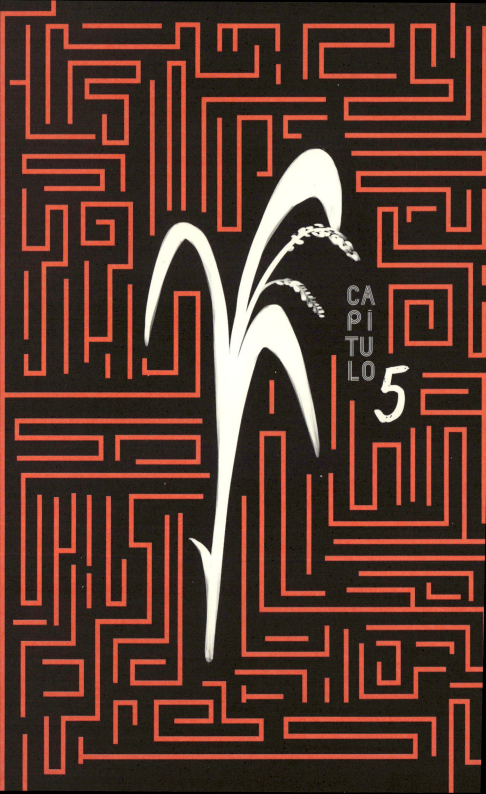

SUTILEZAS

O instante que mudou a vida de um agricultor japonês chamado Masanobu Fukuoka e de muitas outras pessoas aconteceu quando ele fazia uma trivial caminhada e "avistou um pé de arroz numa vala".[49] Sim, isso mesmo. Um pé de arroz que nasceu em uma vala. Para tantas outras pessoas que também viram aquilo, não havia nada de especial. Mas para ele, que cultivava arroz, era sensacional. O que chamou a atenção foi que aquele pé de arroz contradizia algumas lógicas do sistema de plantio seguidas por todos aqueles que o cultivavam. O que ele viu era improvável: uma planta vistosa e saudável que cresceu antes da época do plantio, sem nenhum cuidado humano e em um terreno considerado hostil, longe dos cuidadosamente elaborados campos de arroz que exigem muito esforço e atenção por parte dos agricultores.

Sim, aquele pé de arroz na vala era uma bela demonstração de que a natureza havia encontrado sua própria maneira de obter alta produtividade sem o emprego de dinheiro ou energia humana.

A equação impossível:

Como obter alta produtividade na produção de arroz sem despender esforço humano, sem investir dinheiro ou empregar produtos químicos e, ainda por cima, manter intacta a fertilidade do solo?

Ele precisava desvendar o segredo daquele pequeno milagre. Por isso, passou um bom tempo observando as condições em que a planta havia nascido. É possível imaginar a cena: pessoas passando por ele enquanto não fazia outra coisa a não ser ficar agachado olhando para uma vala. Deveriam achar que ele estava maluco. Tudo o que ele buscava era uma maneira de imitar a natureza e oferecer aquelas mesmas condições em que nasceu a solitária planta, mas em larga escala.

A resposta viria da observação das condições naturais que permitiram o pleno crescimento daquele pé de arroz. Desse processo, ele desenvolveu um sistema de autofertilização e autocultivo que não exige quase nenhuma atenção, usa apenas uma fração da água requerida pelo sistema tradicional de cultivo e, ainda por cima, mantém intacta a fertilidade do solo.[50] O resultado: para espanto dos vizinhos que passavam o dia todo trabalhando e cuidando do campo, o agricultor quase não era mais visto em suas lavouras, obtinha a mesma produtividade utilizando apenas uma pequena fração do esforço. Os mecanismos biológicos que ele reproduziu ao observar aquele único pé de arroz eram seus novos funcionários, que o liberavam de muitas tarefas. Obviamente o sistema de "cultivo ocioso" que ele criou chamou a atenção de pessoas de todas as partes, interessadas em aprender a técnica. Para espalhar esse conhecimento, ele escreveu dois livros sobre o assunto, nos quais compartilha suas ideias sobre agricultura selvagem. Suas ideias também foram aplicadas em casos de reflorestamento, revertendo regiões desertificadas em países como Tailândia, Índia, Filipinas e Grécia. Por causa daquele pé de arroz, ele recebeu o Prêmio Ramon Magsaysay no Extremo Oriente, que equivale ao Prêmio Nobel da Paz.

Perder um detalhe como aquele teria sido desastroso. O que esse agricultor japonês estava fazendo era justamente o que disse o agroecologista Jack Ewel: "Imite a estrutura vegetal de um ecossistema e você obterá a funcionalidade que procura".[51]

A história de Masanobu nos remete à terceira característica dos ativos invisíveis: eles são sutis. Para percebê-los é preciso estar atento às sutilezas e, para isso, é fundamental redobrar a atenção para detalhes e buscar pistas, exatamente como fazíamos durante a infância. Algo que você perceber ou ouvir pode fazer uma grande diferença.

1 **PATRIMÔNIO VISÍVEL**
Concreto

2 **PATRIMÔNIO INVISÍVEL**
Sutil

Muitas pessoas passam direto por suas baleias justamente porque não estão dispostas a prestar atenção às sutilezas, por se distraírem com coisas corriqueiras ou porque envolvem seus pensamentos de modo rotineiro. Aqui dá para citar, a título de exemplo, um caso recente de um norte-americano que virou motivo de piada na internet. Ele estava em seu barco totalmente entretido com seu celular a ponto de não ver uma enorme baleia que passou bem ao lado da sua embarcação.

É também muito comum ver pessoas em sua busca apressada e frenética para subir a escada da vida e conseguir as mudanças que desejam e que, muitas vezes, não têm tempo sequer de verificar um detalhe importante: se a escada está na parede certa. Ao agir sem refletir sobre a ação, perdem um tempo precioso. Não raramente, dedicam-se a profissões que sequer existirão em um futuro muito próximo ou não têm com elas qualquer ligação emocional mais significativa.

O QUE EU QUERO DIZER COM ISSO É QUE PARA PERCEBER AS SUTILEZAS DOS ATIVOS INVISÍVEIS É PRECISO ESTAR EM ESTADO DE ATENÇÃO PLENA, POIS A RESPOSTA QUE VOCÊ PRECISA PARA A SITUAÇÃO QUE ENFRENTA PODE ESTAR LITERALMENTE NA SUA FRENTE.

Foi o que aconteceu na década de 1960, quando Bill Bowerman, um treinador de corridas dos Estados Unidos, buscava um tênis alternativo para que seus atletas usassem. Os tênis alemães que recomendava aos seus atletas (Adidas) eram de boa qualidade, mas de preços elevados. Ele queria projetar e fabricar os calçados de que precisava, já que nos Estados Unidos não havia muitas opções. O ponto crucial do projeto era encontrar a textura certa do solado. E a revelação veio durante o café da manhã, quando ele olhou para o *waffle* que estava no seu prato: a superfície do *waffle* sugeria exatamente o desenho para a sola, fazendo surgir a Nike, uma das maiores empresas de artigos esportivos do mundo. Ele poderia ter simplesmente lançado o *waffle* na boca e saído com pressa, cena comum hoje em dia, levando entre os dentes a resposta que tanto buscara.

Foi o que aconteceu também a Georges de Mestral quando olhou para baixo e viu suas meias repletas de carrapichos. Esse fato banal o levou a ter uma sacada de US$ 260 milhões. É o tamanho do mercado anual do produto que ele desenvolveu a partir da aderência desses carrapichos: o velcro.[52] Certamente, tantas outras pessoas passaram pela mesma experiência e se lamentaram ao ter que se livrar desses pequenos e grudentos carrapichos. Não estavam no adequado estado de atenção para perceberem que uma mina de ouro estava grudada em suas calças.

Ninguém questiona que a velocidade é um elemento valorizado atualmente. Temos pressa em ver as transformações que queremos para o mundo e esse senso de urgência é muito positivo, desde que essa pressa não atrapalhe a percepção dessas sutilezas. Não é possível perceber sutilezas a 200 km por hora.

Será que Newton teria notado o que representava um fato aparentemente irrelevante e sutil como a queda de uma maçã em um pomar se estivesse com pressa?

Impulsionadas por essa saudável sede por resultados, vejo muitas pessoas produzindo muito movimento e muita atividade externa (aparente). Estão sempre envoltas nas mais diversas atividades, muito atarefadas para colocar em ação uma série de planos, correndo de um lado para outro e normalmente não têm tempo para mais nada. E mesmo com todo esse nível de energia, muitas vezes não atingem os resultados que buscam. A velocidade de suas ações (externa) é alta e a velocidade dos seus pensamentos (interna) também. Para obter resultados aparentes efetivos é preciso reduzir principalmente a velocidade interna. Isso passa pelo desenvolvimento de um estado de atenção capaz de perceber essas sutilezas. Estar presente no aqui e agora.

Cirurgiões de cinco hospitais da Nova Inglaterra (EUA) passaram um ano inteiro observando uns aos outros e conversando sobre detalhes do seu trabalho, nada mais. Para aqueles que observam à distância, eles pareciam parados. Mas essa pausa resultou em uma queda de 24% no número de mortes nas cirurgias, ou seja, 74 vidas salvas a mais.[53] Mesmo diante de uma velocidade aparente menor, a eficácia dos resultados era maior.

Enquanto você estiver atento às formas de resolver a sua equação impossível, é preciso que o seu "radar" esteja em pleno funcionamento. As pessoas que estão criando grandes transformações sabem que o ativo invisível que buscam pode estar em sua própria estante de livros, pode vir de um comentário despretensioso que alguém fez ou de qualquer coisa presente em seu dia a dia. A baleia pode estar dentro da sua própria casa. Essas revelações são fruto de acontecimentos discretos, sutis e muito importantes. Por isso a sua velocidade interna precisa ser menor, para sair atropelando essas alternativas que, quando percebidas e aproveitadas, transformam pessoas comuns em líderes inspiradores.

"AS PESSOAS CORREM ATRÁS DO SUCESSO E, DE TÃO APRESSADAS, ACABAM PASSANDO DIRETO JUSTAMENTE PELAS SACADAS QUE AS LEVARIAM A ELE."

Todas essas possibilidades estão disponíveis para você neste exato momento. Enquanto você lê este livro, oportunidades de todo tipo estão espalhadas ao seu redor. Para percebê-las, não é preciso nenhum talento especial. Basta fazer o mesmo daqueles que atingem resultados impressionantes e estão mudando a sua realidade e de outras pessoas: estar atento e aberto para novas possibilidades a partir de uma nova forma de percepção focada nesses ativos. E uma ótima maneira de fazer isso é prestando atenção às sutilezas. Pequenas sutilezas são capazes de revelar oportunidades de centenas de milhões de dólares.

Provavelmente você não deve se recordar de um dos maiores desastres ambientais que já ocorreram. Em 1989, um navio petroleiro chamado *Exxon Valdez* lançou na costa do Alasca 42 milhões de litros de petróleo em uma região povoada por lontras, focas, aves marinhas e diversos tipos de peixe. Imagine todas aquelas cenas sendo reexibidas pela TV: animais repletos de óleo, praias antes cristalinas agora sombrias, peixes mortos. Uma verdadeira catástrofe ambiental de grandes proporções.

A empresa dona do navio gastou cerca de dois bilhões de dólares e, apesar disso, só conseguiu retirar uma pequena fração do óleo derramado. Quase três décadas depois, ainda é possível encontrar resquícios de petróleo do *Exxon Valdez* por lá. A busca por alternativas concretas como fomos ensinados a procurar não revelou nada muito promissor.

E se houvesse uma maneira de, em curto espaço de tempo, retirar dezenas de milhões de litros de óleo do mar e, ainda por cima, economizando boa parte dos dois bilhões de dólares gastos pela empresa?

Ora, se isso fosse possível, os biólogos, cientistas, PhD's e especialistas já teriam feito, não é mesmo? Esse é o tipo de pensamento daqueles que buscam por alternativas evidentes aos olhos. Nesse caso, precisamos ir em busca de ativos invisíveis e, para isso, é preciso ter uma ideia *rock and roll*. Agora sabemos muito bem que uma ótima maneira de fazer isso é prestar atenção às sutilezas.

Foi o que fez um cabeleireiro do Alabama chamado Philip McCrory. Enquanto via e revia na televisão os danosos efeitos do derramamento de óleo no mar provocado pelo *Exxon Valdez*, algo chamou a sua atenção. Observando lontras impregnadas de óleo, ele achou interessante a semelhança entre a pelagem desses animais com cabelo humano e lhe ocorreu uma curiosidade. Se a pelagem das lontras fica encharcada de óleo... Será que cabelo humano também fica assim? Então, resolveu fazer uma experiência. Recolheu cabelos espalhados no chão do seu salão de beleza, enfiou-os em uma meia e a atirou em uma bacia de água misturada com alguns litros de óleo lubrificante. O resultado: água cristalina em apenas dois minutos. O cabelo havia absorvido todo o lubrificante, assim como acontecia aos animais que sofriam com o óleo grudado em seus pelos.

Conforme relata o ambientalista Paul Hawken, em um teste em larga escala "constatou-se que 630 mil quilos de cabelo contido em almofadas poderiam ter absorvido em uma semana todo o petróleo derramado pelo *Exxon Valdez*, economizando boa parte dos 2 bilhões de dólares que a empresa gastou para retirar apenas 12% dos 42 milhões de litros derramados".[54]

Com base nessa constatação, ele patenteou um produto feito à base de cabelo que já está sendo utilizado para despoluição de vias navegáveis com importante impacto positivo. Ele também descobriu que o mesmo cabelo pode ser reutilizado 99 vezes no mesmo processo. Mas, espere aí! Onde arrumar tanto cabelo? Uma ONG foi criada para recolher cabelos nos salões de beleza, os mesmos que seriam jogados na lata de lixo.

A equação impossível que ele respondeu?

Como, em um curto espaço de tempo, limpar as águas marinhas poluídas por derramamento de óleo economizando quase dois bilhões de dólares?

No início deste livro, falamos sobre uma reviravolta provocada por William Kamkwamba, um adolescente de família carente do também carente Malaui, onde apenas 2% da população tinha acesso à energia elétrica. Desnecessário dizer o quanto a falta desse recurso provoca desigualdades severas. Se a vida nos grandes centros fica inimaginável sem esse produto, o que dizer então para quem precisa lidar com a seca, como era o caso dele? William resolveu o problema usando ativos invisíveis. A alternativa surgiu enquanto estava na biblioteca do vilarejo e viu uma foto de um moinho de vento em um livro caindo aos pedaços. Dessa imagem surgiu o seu momento eureca! Isso somente foi possível porque ele estava no estado de atenção plena, focada no aqui, no agora e na sua equação impossível. O mesmo livro que diversas outras pessoas do lugarejo também viram, mas por não estarem no mesmo estado, não lhes ocorreu nada, nenhuma grande sacada, confirmando o que disse o ganhador do Prêmio Nobel de Medicina Albert Szent-György: "A descoberta consiste em ver o que todo mundo viu e pensar o que ninguém pensou".

Para perceber ativos invisíveis, preste atenção às sutilezas. Nesse processo, ir mais devagar pode ser uma boa ideia. Concentre-se nos detalhes e pergunte-se: "O que estou deixando de fora?". Desse processo virá a sua grande sacada, o seu momento eureca! Aí está a sua ideia rock and roll!

Quando a credenciadora de pagamentos eletrônicos CIELO se viu diante de um acirrado aumento da competição, incentivada principalmente por medidas governamentais, uma série de novas empresas surgiram ameaçando a sua liderança de mercado e uma guerra de preços se estabeleceu. Uma disputa na qual ela não desejava entrar. Os clientes da empresa são, em sua maioria, pequenos e médios comerciantes e grandes redes de varejo que usam cartões de crédito e de débito para recebimento de compras feitas por consumidores.

O desafio era o seguinte:

Como, sem realizar grandes investimentos, aumentar o valor agregado do serviço oferecido pela empresa aos seus clientes e, com isso, proteger a liderança de mercado, sem entrar em uma acirrada disputa por preços?

Esse é o tipo de desafio que exige a descoberta de ativos invisíveis. Onde estaria a baleia de que eles tanto precisavam para essa equação?

Um esforço ativo em busca de alternativas mostrou que a resposta, assim como em todos os outros casos, já estava à disposição, bem ao alcance das mãos. O recurso de que eles precisavam era abundante, gratuito e estava pronto para ser usado: as informações que já estavam na base de dados da própria companhia.

A partir de uma extração dos dados constantes no seu próprio sistema, a empresa pôde oferecer aos seus clientes uma série de informações gerenciais relevantes para subsidiar a tomada de decisão. Por exemplo, a comparação da performance de uma determinada loja contra a média das lojas dos seus concorrentes para, com isso, identificar pontos de melhoria; o perfil de renda dos seus clientes em relação aos dos concorrentes; o valor do ticket médio (por perfil e por renda); frequência de compra dos seus clientes; desempenho da sua loja em comparação com outras do mesmo grupo; métricas de sazonalidade por dia da semana e por hora para conhecer a dinâmica do negócio; análise histórica de crescimento.

Também foi possível utilizar a sistemática para entender o comportamento do consumidor, recorrência de compras, lojas visitadas, canais escolhidos para compra, gastos por compra, quantidade de clientes que não voltaram à loja, mas que compraram nos concorrentes.

Enfim, uma infinidade de informações relevantes à tomada de decisão dos seus clientes. Isso fez com que a empresa não precisasse competir por preço, já que seus concorrentes não ofereciam essas mesmas informações organizadas de um modo que facilita a vida de qualquer empresário. Essa é uma das alternativas que tem ajudado a companhia a manter-se competitiva em um mercado repleto de novos entrantes.

Outra grande empresa brasileira também fez uso dessa mesma mina de ouro. O Pão de Açúcar, conhecida rede supermercadista, extraiu de seus algoritmos uma maneira de oferecer preços mais baixos aos seus clientes sem colocar a mão no bolso. Por meio de um aplicativo são apresentadas ofertas direcionadas aos hábitos de compra de cada consumidor. Por exemplo, se um consumidor tem por costume comprar cervejas especiais, o aplicativo vai oferecer justamente ofertas desse produto. Os descontos são substanciais (de 20% a 50%). Mas quem paga a conta? As empresas fornecedoras de produtos para o Pão de Açúcar e que têm interesse em impactar esses consumidores. No primeiro mês da novidade, foram feitos mais de um milhão de *downloads* do aplicativo com 400 mil novos clientes aderindo ao programa de fidelidade.[55] Tudo isso apenas utilizando um tesouro que estava esquecido nas bases de dados da empresa e sem colocar a mão no bolso! Agora outras empresas tentam copiar o modelo.

No mundo da tecnologia, um conceito novo que exemplifica bem o que estamos falando é chamado de *dark analytics* e possibilita que as empresas "iluminem" oportunidades presentes em dados que já estão disponíveis nas próprias empresas, mas em formatos não estruturados e não tradicionais, justamente como fizeram essas empresas. Esse ativo é tão valioso e pode trazer tantos resultados que consolida a crença de que dados são o novo petróleo e, se você atua nessa área, certamente tem uma floresta repleta de frutos pela frente.

Exemplos como esses e outros que veremos nos mostram que ativos invisíveis estão por toda parte. Passamos por eles a todo momento. Como muitos deles são sutis, poucas pessoas os percebem. A mentalidade da oportunidade, que nos coloca em estado de atenção plena, é o diferencial que faz com que pessoas comuns sejam capazes de percebê-los para criar grandes mudanças.

A maioria das pessoas está no estado de piloto automático, correndo atrás da própria sombra, por isso não percebe as baleias. O preço disso é que ficam cegas, incapazes de ver o patrimônio invisível que já têm à sua disposição para explorar as possibilidades que se mostram todos os dias.

NÃO PERMITA QUE A PRESSA OU A FALTA DE ATENÇÃO O AFASTEM DA SACADA QUE VOCÊ BUSCA E ROUBEM DE VOCÊ O SEU MOMENTO EUREKA.

Dean Kamen, um inventor norte-americano, foi responsável pela criação de vários produtos notáveis. Como ele mesmo reconhece, seu interesse está naquilo que outras pessoas consideram impossível: "Na verdade, na minha vida, só começo projetos se as pessoas críveis me dizem: 'Você é louco'. Porque essa é a confirmação de que é um grande problema".[56]

Foi a partir dessa mentalidade que ele criou a Segway, uma plataforma de duas rodas e que se autoequilibra e que é usada como meio de transporte para curtas distâncias. Você já deve tê-la visto em shoppings e ruas. Sob o mesmo princípio, ele também criou uma cadeira de rodas capaz de subir escadas, além de um equipamento para diálise que pode ser usado em casa pelos pacientes, liberando-os de terem que ir ao hospital dia sim, dia não durante o restante de suas vidas, como acontecia até então.

Uma de suas equações impossíveis tem a ver com o fato de que metade das doenças no planeta hoje são provocadas por água contaminada e ele queria tirar todas as pessoas, principalmente crianças vítimas desse problema, dos leitos dos hospitais. Todos os anos, cerca de dois milhões de pessoas morrem por causa disso. Mas tem a ver também com projeções cada vez mais sombrias de escassez de água potável pelo mundo. Alguns estudos – influenciados pelo Modelo Mental da Escassez – dizem que até 2030 haverá uma redução de 40% da água potável disponível, o que pode levar a conflitos, inclusive armados.

Para resolver isso, ele decidiu criar uma máquina capaz de purificar, em questão de segundos, qualquer tipo de água poluída, inclusive aquelas contaminadas por toxinas e metais pesados, utilizando apenas a energia equivalente à de um secador de cabelos ligado a uma tomada doméstica. Em outras palavras, seria um equipamento em que de um lado você colocaria uma mangueira em qualquer coisa molhada no mundo (pode ser uma poça de água suja, uma latrina, um tambor com urina, enfim, qualquer coisa molhada mesmo), que depois passaria pela máquina e liberaria água destilada do outro lado.

Deu trabalho, levou alguns anos, mas o objetivo aparentemente impossível foi atingido. Para converter o modelo mental de que "não haverá água suficiente para todos" em "há água mais que suficiente para todos", a máquina chamada Slingshot ficou pronta. Com o tamanho aproximado de uma cadeira e capacidade de produzir mil litros de água limpa por dia ao custo de dois centavos o litro.

No entanto, depois disso ele percebeu que o desafio de a construir não resolveria a questão. Na verdade, seria uma façanha ainda maior conseguir colocar esses equipamentos à disposição das pessoas que deles precisam, em vilarejos e aldeias pelo mundo, principalmente em regiões bastante carentes. Era angustiante ver a descoberta, com potencial de salvar milhões e até bilhões de pessoas, principalmente crianças, não cumprir o seu papel, e ele ficou desapontado. Por isso, seria fundamental encontrar uma maneira eficiente de distribuí-los.

Dean procurou empresas médicas, governos, organizações humanitárias, ONG's, Banco Mundial, Organização Mundial de Saúde e até a ONU, mas todas essas grandes organizações foram unânimes em dizer: "Não podemos ajudá-lo. Queremos apoiar. Apoiaremos financeiramente. Mas, Dean, também não podemos levar essas coisas aos lugares". Essas grandes organizações não contavam com um canal de distribuição eficiente. O que o levou a pensar: "Inovação é um processo difícil e frustrante".

Mas ele não desistiu. Sem sucesso em suas abordagens, aquele obstáculo estava rodeando seus pensamentos. Até que um dia, ainda com o problema em mente e alerta às possibilidades, Dean saía das preparações do FIRST (evento que ele mesmo idealizou e que tem por objetivo promover entre os jovens a ideia de que não apenas os esportes, mas a ciência e a tecnologia podem ser divertidas e recompensadoras, com campeonatos de robótica e coisas do tipo) realizado no George Dome, estádio olímpico de Atlanta, quando a resposta que tanto buscava se revelou. Na verdade, a revelação não era nada discreta. Era o edifício mais visível da paisagem: o prédio da Coca-Cola. Sim, a força da Coca-Cola não está apenas em seus produtos (tangível) mas também no poder da sua rede de distribuição (intangível) que alcança mais de duzentos países (superior a ONU, que reúne 193 países). A empresa é capaz de fazer qualquer coisa chegar a quase qualquer lugar do mundo porque ela faz justamente isso com as suas bebidas.

Decidiu, então, procurar a diretoria da Coca-Cola, em Atlanta, para conversar sobre o assunto, e descobriu que a empresa também precisava de ajuda para modernizar suas máquinas de bebidas, tarefa fácil para Dean. Uma mão lava a outra. Em troca, a companhia o ajudaria na tarefa de distribuir as Slingshot (tarefa fácil para ela). A empresa (juntamente com a Pepsico) também estava tendo problemas em alguns países, como a Índia, sob acusação de extrair água valiosa para a agricultura local, e a Slingshot poderia ajudar a minimizar a questão oferecendo a essas comunidades uma nova alternativa de acesso à água pura e reconquistando a confiança desses consumidores. E assim, finalmente, o desafio de Dean começou a evoluir com a distribuição das primeiras máquinas em países da África e América Central.

A falta de atenção plena tem um duplo efeito negativo: o primeiro deles é que produz erros. Os canos da usina nuclear de Diablo Canyon, da companhia de Gás e Eletricidade do Pacífico, na Califórnia, foram montados de forma invertida porque alguém colocou a planta de cabeça para baixo. Um erro de sinal em uma das equações algébricas do Telescópio Hubble, que custou US$ 2,5 bilhões, lançou um espelho defeituoso no espaço. A verificação da rede elétrica de três mil casas na Califórnia revelou que um quinto estava com a fiação errada.[57] Embora tragam prejuízos, esses são considerados erros administráveis. O segundo efeito, que considero ainda mais nocivo: a falta de atenção plena produz uma cegueira quanto às oportunidades e recursos que estão disponíveis para os projetos mais ousados, principalmente aqueles mais sutis.

O matemático Max Little criou a sua equação impossível relacionada ao Mal de Parkinson que atinge mais de 6,3 milhões de pessoas no mundo e que precisam conviver com fraqueza, tremores e outros sintomas. Encontrar maneiras de detectar a doença antes que seja muito tarde é fundamental, mas ainda não existem marcadores que possam indicar se alguém está doente por meio de um simples teste de sangue. O teste neurológico necessário para o diagnóstico custa caro (cerca de US$ 300), exige que a pessoa vá até uma clínica e normalmente é realizado apenas quando alguns sintomas mais visíveis se manifestam. Em outras palavras, as pessoas o fazem quando já estão visivelmente doentes ou, ainda mais grave, boa parte sequer tem condições de fazê-lo, devido aos custos do processo.

Por isso, ele queria desenvolver um exame que a pessoa pudesse fazer de casa mesmo, sem qualquer ajuda de especialistas, usando o seu telefone celular e a um custo muito baixo, para que fosse acessível a todos. Essa é sua equação impossível.

Max notou uma sutileza que o permitiu analisar o problema sob um novo ponto de vista. Assim como o Mal de Parkinson atinge os maiores músculos do corpo provocando tremor, fraqueza e rigidez, o mesmo aconteceria às cordas vocais. Se ele conseguisse identificar esses sintomas nessas cordas por meio de variações de voz normalmente muito sutis e imperceptíveis aos nossos ouvidos, poderia diagnosticar a doença precocemente, permitindo, assim, um tratamento antes mesmo que outros sintomas surgissem. Dessa forma, também reduziria o custo para que praticamente qualquer pessoa em qualquer lugar pudesse fazê-lo sem sequer se deslocar de sua casa ou trabalho. Ele pensou... se nossos ouvidos não podem perceber tais variações, os microfones digitais presentes nos aparelhos de celular podem! Utilizando softwares específicos de comparação das vozes de pessoas doentes, ele percebeu que, por meio de uma gravação de voz de apenas trinta segundos, é possível identificar a presença da doença em seus diferentes estágios com uma precisão de 99%.[58] Assim, qualquer pessoa poderá simplesmente enviar uma mensagem de voz e receberá o diagnóstico, abrindo espaço para novos avanços no tratamento da doença.

Minha esposa, designer, buscava inspiração para um de seus projetos envolvendo a criação de uma academia para pais e filhos. Seria um ambiente em que tanto os adultos quanto as crianças pudessem realizar práticas conjuntas para o aprimoramento físico ao mesmo tempo em que aproveitam esses momentos para conviver. Com essa questão sendo processada em sua mente, durante uma trivial caminhada ela decidiu se colocar em estado de atenção plena: prestou atenção à vegetação e à natureza, no mesmo caminho que ela percorreu outras vezes. Mas, dessa vez, algo aconteceu. As imagens que ela via fizeram com que se lembrasse de Antoni Gaudí, arquiteto catalão conhecido internacionalmente por incorporar formas encontradas na natureza aos seus projetos arquitetônicos. Como o Parque Güell que ele criou em Barcelona, famoso por sua beleza natural que reproduz formas da natureza. Assim, concluiu que o projeto da academia seria inspirado no mesmo parque. E assim o fez.

Esses e outros exemplos nos mostram que o adequado estado de atenção dado a determinado desafio permite explorar o círculo dos ativos invisíveis que revelará as alternativas que você busca. Temos alguns exemplos.

Sem muito dinheiro ou "no fio da navalha", como dizem, o músico Caito Maia estava atento ao que pudesse ser uma boa oportunidade. Um dia, em uma praia, viu um velho camelô hippie vendendo óculos escuros. A cena, que seria comum em qualquer praia, chamou a sua atenção porque o hippie vendia óculos rápido feito água. Pensando em testar a fórmula, comprou duzentos pares de óculos do hippie pela metade do preço para revendê-los. Nascia ali a Chilli Beans, a marca de óculos mais famosa do Brasil e que está presente em vários países.

Jim Yong Kim é filho de refugiados coreanos que fugiram da guerra da Coreia, e criticava duramente o Banco Mundial por sua política de não acreditar que investir em países pobres e seus problemas fosse viável. Ele pensava justamente o oposto, que é essencial atuar preferencialmente junto aos países pobres, caso contrário, não será possível ter um futuro viável para todos.

Pensando assim, criou com amigos uma organização chamada Partners in Health para oferecer ajuda a países pobres nas áreas de saúde e educação. Como em um truque do destino, o então presidente dos Estados Unidos, Barack Obama, o nomeou presidente da organização que ele tanto criticava: o mesmo Banco Mundial. Em meados de 2012, Jim criou uma equação impossível muito parecida com a de Muhammad Yunus: "Acabar com a pobreza extrema no mundo até o ano de 2030 e aumentar a prosperidade compartilhada".

Em sua busca por ativos invisíveis, ele encontrou cerca de oito trilhões de dólares que estão parados em bancos rendendo juros negativos (como acontece em vários países ricos), ou seja, quem aplica, recebe menos do que aplicou; US$ 24,4 trilhões de dólares que estão aplicados em títulos de governo de baixo rendimento; e outros US$ 8 trilhões que estão sem rendimento algum nas mãos de pessoas ricas. Em sua busca para mudar o mundo, ele trabalha para convencer essas pessoas e países ricos a emprestarem esse dinheiro a pessoas e países em desenvolvimento. Ao mesmo tempo que esses recursos financiariam o desenvolvimento dessas nações seria para os credores um ótimo negócio.[59] De um lado, os credores teriam um retorno financeiro superior ao que estão tendo hoje. De outro, os devedores teriam acesso a crédito e a taxas menores das que costumam pagar. E quanto ao medo de não pagarem? Quanto a isso, iniciativas de microcrédito como a de Muhammad Yunus e da plataforma Kiva, por exemplo, já demonstram que o índice de adimplência nessas operações é superior aos verificados nas demais modalidades. Em outras palavras: os pobres são muito pontuais e corretos no pagamento de seus compromissos financeiros.

Também procurando por ativos invisíveis, o consultor da Boston Consulting Group, Dag Detter, propõe no livro *A riqueza pública das nações* uma nova maneira dos governos gerirem os ativos públicos capaz de revelar 75 trilhões de dólares, "uma mina de ouro que não conseguem enxergar. Muito menos aproveitar"[*60] que hoje estão completamente ignorados e, portanto, sem uso nas mãos dos governos.

[*] Valores relativos a 2013.

RESUMO DO CAPÍTULO

EQUAÇÃO IMPOSSÍVEL	QUEM RESOLVEU
Como produzir um solado para um calçado em desenvolvimento para atletas de alta performance sem dispor de recursos financeiros e tecnológicos?	*Bill Bowerman, Estados Unidos*
Como, em um curto espaço de tempo, limpar as águas marinhas poluídas por derramamento de óleo economizando quase dois bilhões de dólares?	*Philip McCrory, Estados Unidos*
Como, sem realizar grandes investimentos, aumentar o valor agregado do serviço oferecido pela empresa aos seus clientes e, com isso, proteger a liderança de mercado, sem entrar em uma acirrada disputa por preços?	*Cielo, Brasil*
Como, sem pôr a mão no bolso, oferecer descontos de até 50% aos clientes em determinados produtos e, ao mesmo tempo, impulsionar a adesão ao seu programa de relacionamento?	*Grupo Pão de Açúcar, Brasil*
Como distribuir pelos países em desenvolvimento sua máquina de purificar qualquer tipo de água, denominada Slingshot?	*Dean Kamen, Estados Unidos*
Como diagnosticar da forma mais rápida e barata possível o Mal de Parkinson, sem ter que recorrer a especialistas, de forma simples e muito mais barata?	*Max Little, Estados Unidos*
Acabar com a pobreza extrema no mundo até o ano de 2030 e aumentar a prosperidade compartilhada.	*Jim Yong Kim, Estados Unidos*

IDEIA *ROCK AND ROLL* — ATIVO INVISÍVEL

IDEIA *ROCK AND ROLL*	ATIVO INVISÍVEL
Reproduzir, no solado do tênis, o mesmo formato do seu waffle.	*Seu aparelho de preparar waffle, que inclusive foi usado como laboratório para o desenvolvimento do solado.*
Desenvolver uma alternativa de despoluição a partir de cabelo humano.	*Cabelo humano.*
Transformar as informações que transitam pelos sistemas da empresa em diferencial para seus clientes.	*Informação que transita nos seus sistemas computacionais.*
Capturar os hábitos de consumo dos seus clientes e disponibilizar essas informações a fornecedores que tenham interesse em atingir esse público.	*Informação que transita nos seus sistemas computacionais.*
Utilizar a Coca-Cola para distribuir.	*O prédio da Coca-Cola que ele viu ao sair de um dos seus eventos.*
Desenvolver um software capaz de identificar fraquezas e tremores nos músculos das cordas vocais por meio da gravação de um áudio de voz.	*Microfone digital presente nos aparelhos de celular.*
Convencer as pessoas que têm investimentos sem rentabilidade ou com rentabilidade negativa depositados em bancos a emprestar.	*US$ 8 trilhões que estão rendendo juros negativos, US$ 24,4 trilhões em aplicações de baixo rendimento e outros US$ 8 trilhões que estão sem rendimento algum.*

Atitude da infância que deve ser recuperada: prestar atenção aos detalhes. Reduzir a velocidade interna para aumentar a velocidade externa.

Características do ativo invisível: *é sutil.*

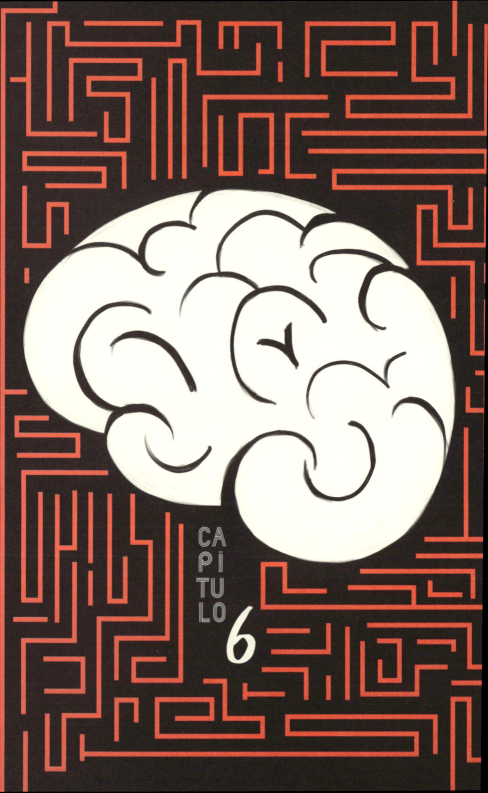

EM BUSCA DO *MINDSET* DE OPORTUNIDADES

Conhecemos até aqui alguns casos de equações impossíveis, resolvidas por pessoas comuns, empresas e até cidades, mediante o uso de ativos invisíveis.

Você aprendeu algumas características dos ativos invisíveis que o ajudarão a identificá-los para que sejam usados em seus desafios.

ATIVOS INVISÍVEIS

1. Ativos não convencionais
2. Pouco valorizados
3. Sutis

PARA VÊ-LOS PRECISAMOS:

1. Voltar a ter ideias *rock and roll*
2. Atenção total a todos os recursos
3. Reduzir a velocidade interna

Agora é hora de conhecer, na prática, as fases do processo de transformação do estado de inação em que predominam pensamentos do tipo

"NÃO HÁ SAÍDA!"

para o estado de criação, em que pensamos

"PUXA! QUANTAS SAÍDAS!"

ETAPA 1.
CONSTRUA A SUA EQUAÇÃO IMPOSSÍVEL

"A história nos ensina", disse o cientista social alemão Max Weber, "que o homem não teria alcançado o possível se, muitas vezes, não tivesse tentado o impossível".[61] O primeiro passo que esses agentes de transformação adotam para implementar uma grande mudança é estabelecer o objetivo magnífico que se pretende alcançar para viabilizar as transformações que buscam. Esse objetivo, no entanto, não pode parecer atingível em um primeiro momento. Ele precisa estar "fora da curva", inatingível. Isso é importante para que não se sintam atraídos por buscar as soluções no velho círculo pequeno, dos ativos visíveis, das alternativas conservadoras. É preciso que sua mente saia do caminho habitual para procurar alternativas onde você não costumava buscar. Se o objetivo parecer fácil e trivial desde o início, você vai se refugiar no velho modelo mental e cairá na tentação de buscar possibilidades na antiga e pequena "prateleira" que sempre usou. E não é por aí o caminho. É preciso que o seu apetite seja ousado. Se o alvo for "impossível", não haverá alternativa a não ser tentar um caminho sem trilhas.

É importante ter um objetivo cuja possibilidade de sucesso, se visto sob o Modelo Mental da Escassez, pareça, em um primeiro momento, improvável. Essa é uma excelente maneira de fazer com que você não tenha alternativa, a não ser recorrer ao círculo maior, onde estão os ativos invisíveis. Esse objetivo será a sua equação impossível. Vimos diversas delas. Equações impossíveis funcionam como uma espécie de guia para que não retornemos ao padrão anterior. Ele serve para dar um susto na genialidade criativa que pode estar adormecida. Parafraseando o ecologista Paul Ehrlich, ela funciona como o "tigre-dente-de-sabre rosnando ferozmente à entrada da caverna para que nos assustemos"[62] que nos tira da zona de conforto e nos deixa em uma situação em que não temos alternativa a não ser agir de forma ousada, rompendo barreiras.

Podemos chamá-lo também de objetivo exponencial. Você já teve muitas equações impossíveis durante a infância, fase da vida em que a rebeldia era uma de suas características. Foi graças a ela que você aprendeu a andar, falar, pular, subir escadas, escalar a estante e tantas outras coisas que você nem sabia que seriam possíveis.

Vamos ver mais alguns exemplos de equações impossíveis já resolvidas:

Na década de 1980, os médicos australianos Barry Marshall e Robin Warren,[63] em seu processo de busca para a cura da úlcera, estabeleceram sua equação impossível:

Como, mesmo não sendo do conhecido e badalado ciclo de famosos pesquisadores sobre o assunto e dispondo de limitados recursos de pesquisa, descobrir uma cura para a úlcera, mesmo que a comunidade científica não acredite que ela exista?

O mesmo pode ser dito sobre a jovem Meredith Perry que, em 2011, com pouco mais de vinte anos de idade, estava em seu quarto na Universidade da Pensilvânia quando ficou aborrecida por ter que usar cabo e tomada para recarregar a bateria do seu laptop. Em vez de utilizar cabos, um telefone celular, por exemplo, poderia ser carregado enquanto estivesse dentro da bolsa. Ela decidiu usar esse desafio na competição de invenções da escola e, desde então, trabalha 168 horas por semana porque quer acabar com os carregadores e as tomadas no mundo.

Esse inconformismo, aparentemente banal, fez surgir uma equação impossível:

Como, mesmo sendo apenas uma estudante, sem contar com os recursos apropriados para tal, encontrar alternativas para transmitir energia elétrica pelo ar?

O pesquisador canadense Geoffrey Ballard também tinha um sonho impossível:

Desenvolver motores a célula combustível, cujo resíduo seria água potável.

Como se define na Amana-Key, equação impossível é tudo aquilo que queremos, mas ainda não sabemos como obter e que envolve a superação de limites e a utilização de estratégias para vencer quaisquer ortodoxias (sempre foi feito assim, gerou sucesso no passado e, portanto, está fora de discussão)[64] e são o ponto de partida para se encontrarem soluções fora da curva, usando recursos que ninguém enxerga ou procura usar.

Peter Diamandis, sobre o qual falamos, é também o idealizador da X Prize Foundation, uma fundação criada para conceder prêmios àqueles que encontrarem soluções para problemas desafiadores. O prêmio consiste simplesmente em criar objetivos aparentemente inatingíveis e divulgá-los ao mundo à espera de pessoas, grupos ou empresas que apresentem as soluções. Por exemplo, alguns de seus desafios na área aeroespacial e de biotecnologia: "construir um robô, pousá-lo na superfície da Lua e enviar fotos e vídeos" ou "como sequenciar os genes de cem centenários saudáveis em dez dias". São desafios que, uma vez resolvidos, abrem caminho para uma série de outros avanços exponenciais.

Quando observamos pessoas ou organizações que atingiram resultados surpreendentes a partir de ativos invisíveis, vemos que elas buscavam resolver questões realmente desafiadoras, cujos resultados, sob determinadas óticas, pareciam inatingíveis.

Em outras palavras, sob o Modelo Mental da Escassez, o desafio precisa parecer impossível, como no caso do homem vítima de conspiração da história de Nilton Bonder. A saída de que ele precisava era estatisticamente impossível, ao mesmo tempo que simples, eficaz e estava literalmente ao alcance das mãos. Lembre-se: um objetivo somente é verdadeiramente impossível para aqueles que se concentram apenas nos ativos visíveis.

QUE TAL AGORA VOCÊ COMEÇAR A PENSAR EM DEFINIR A SUA EQUAÇÃO IMPOSSÍVEL?

Pode ser para sua vida pessoal, para o seu trabalho ou para os seus negócios. Neste momento, não se preocupe ainda com *como* ela será resolvida. Apenas foque em definir a sua meta radical. Quem sabe iniciando por alguma área específica da sua vida ou do seu trabalho.

É importante que ela pareça realmente impossível, por alguns motivos:

– Você será obrigado a abandonar o Modelo Mental da Escassez para acessar o potencial que está dentro de você e que pode estar sendo subutilizado;

– Para que você não se sinta atraído em recorrer ao círculo pequeno, dos ativos visíveis, aquela prateleira das alternativas concretas, mensuráveis, convencionais e visíveis;

– Ela deverá funcionar como um despertador e assombrá-lo propositadamente, justamente para acordar a genialidade criativa em você, que pode estar adormecida. Também deve romper com as amarras que restringem suas ações e o conduzir a uma liberdade total para identificar as alternativas de que precisa, sem obedecer ao padrões limitantes do passado.

Não importa quem as utilize, equações inspiradoras levam a resultados inspiradores. Até mesmo políticos podem criar grandes conquistas para suas nações utilizando essa ferramenta. Foi o que fez, em 1961, o presidente norte-americano Kennedy, em seu objetivo de levar o homem à Lua pela primeira vez. Mesmo tendo sofrido duas derrotas anteriores na corrida espacial contra os soviéticos, Kennedy exortou os melhores esforços de todos os envolvidos quando estabeleceu a meta de "antes de a década acabar, pousar um homem na Lua e retorná-lo com segurança à Terra". Veremos outros casos envolvendo países.

O Skunk Works foi um grupo que tinha o propósito de desenvolver o primeiro jato de caça norte-americano, em apenas 180 dias... E que atingiu o seu objetivo 37 dias antes do prazo e por um pequeno grupo de pessoas. O trabalho foi tão bem-sucedido que o termo Skunk Works passou a se referir a todo pequeno grupo de pessoas que criam objetivos improváveis (equações impossíveis), normalmente movidos pelo interesse de criar uma evolução radical e que para isso precisa estar livre das amarras e restrições organizacionais que podem bloquear o potencial criativo. Em alguns casos, para que não sejam influenciados pelo *Mindset* de Escassez das demais pessoas da mesma organização, os participantes desses grupos chegam a ser separados dos demais, como fizeram Jobs e sua equipe de cinquenta pessoas, que desenvolveram o primeiro computador pessoal Macintosh, escondidos em um laboratório atrás de um restaurante em Cupertino.

Se você é empresário e quer aplicar esses conceitos ao mundo dos negócios, liste os seus principais desafios e os transforme em equações impossíveis.

CASE-SE COM ESSA EQUAÇÃO, DEDIQUE ATENÇÃO E TEMPO A ELA ATÉ QUE ESTEJA RESOLVIDA.

ESCREVA AQUI A SUA PRIMEIRA EQUAÇÃO IMPOSSÍVEL

VOCÊ, AGENTE DE TRANSFORMAÇÃO

LEIA A BULA

Ao elaborar a sua equação impossível, no entanto, é preciso estar atento a uma questão muito importante, que tem a ver com o propósito da sua meta. Explico o porquê.

A jovem sul-coreana Ji-Hae Park tinha um objetivo desafiador: tornar--se uma violinista mundialmente famosa, com o glamour que esse sucesso traria. E em direção a esse sonho, ela se dedicou arduamente. À medida que o tempo passava, no entanto, sem ver sua sede de fama ser saciada, ela caiu em depressão profunda e o sonho virou pesadelo. "O violino, que significava tudo para mim, se tornou um sério fardo",[65] disse ela.

Após anos vivendo essa fase obscura, Ji-Hae decidiu mudar sua postura. A busca por fama (e consequente fortuna) deu lugar à necessidade de simplesmente colocar em primeiro lugar as pessoas que ela pretendia atingir com a sua arte. Sua recompensa seria apenas reencontrar o prazer de tocar. "O conforto que a música me deu era simplesmente indescritível e era uma experiência esclarecedora para mim também. Mudou totalmente minha perspectiva de vida e me libertou da pressão de me tornar uma violinista famosa",[66] reconheceu.

Foi então que decidiu tocar para todas as pessoas que estivessem abertas a escutá-la, em lugares como hospitais, igrejas e penitenciárias. Sua performance, carregada de grande emoção, atingia fortemente seu público. A nova postura, focada em servir, trouxe resultados impactantes, como ela mesma admite: "Eu penso que enquanto curto minha vida como uma musicista feliz, recebo muito mais reconhecimento do que jamais imaginei".[67]

Livre para se expressar pensando apenas nas pessoas que a sua arte queria atingir e não mais em si, em sucesso ou em reconhecimento, quebrou as amarras que restringiam sua carreira e as coisas começaram a mudar. A *New York Concert Review* considerou suas apresentações carismáticas e emocionais, a ponto de deixar o público "extasiado". Ela recebeu prêmios e homenagens na Coreia, Alemanha, Áustria, Itália e Romênia. Apresentou-se nas mais renomadas casas de concerto internacionais, como o Carnegie Hall de Nova York e o Seoul City Hall, e chamou a atenção de diversas grandes redes de rádio e TV. Ao abandonar o foco em si como objetivo principal e substituí-lo pelo propósito de beneficiar o outro, Ji-Hae Park teve, como efeito colateral, que conviver com a fama internacional e a fortuna. O violino que ela usa hoje, um Stradivarius, vale milhões de dólares.

O exemplo de Ji-Hae serve para ilustrar que uma equação impossível precisa se voltar para o outro, ter o propósito de servir, mesmo quando estamos falando do mundo dos negócios. Essa é a única regra a ser observada. O lucro, ou o ganho pessoal, deve ser um efeito colateral do benefício que você pretende oferecer a outras pessoas, inclusive seus clientes.

Essa exigência existe simplesmente porque dezenas de pesquisas feitas e refeitas nos últimos anos mostram categoricamente que quando pensamos preponderantemente em recompensas como dinheiro, fama ou fortuna, a nossa capacidade de obter isso fica limitada. Essas mesmas pesquisas revelam que se o seu conceito de sucesso envolve poder, reconhecimento, dinheiro e glamour, você reduz significativamente as possibilidades de obter exatamente isso.

Por outro lado, se o seu conceito de sucesso (ou o da sua empresa) é melhorar a vida de outras pessoas (inclusive clientes), ajudando-os a resolverem seus problemas ou atingirem seus objetivos, você amplia tremendamente as possibilidades de atingir o seu objetivo e, como efeito colateral, de obter reconhecimento e prosperidade (inclusive do ponto de vista financeiro).

Mesmo no mundo dos negócios, em que as empresas, por natureza, têm a função de gerar lucro, é muito menos produtivo criar equações impossíveis voltadas a aumentar o lucro pura e simplesmente do que buscar maneiras de ampliar a satisfação dos seus clientes.

Agentes de transformação exponencial pensam assim: se o seu objetivo é ganhar dinheiro, antes ajude outras pessoas a ganhar dinheiro. Se o seu objetivo em criar uma empresa é obter prosperidade, ajude os seus clientes a serem prósperos. Esse é o tipo de mentalidade que explica o que move, por exemplo, o criador do aplicativo de trânsito Waze: "Eu quero transformar o mundo em um lugar melhor". Seguindo essa filosofia, ele acabou se tornando bilionário.

Uma pesquisa, mencionada por Srully Blotnick no livro de Mark Albion *Making a Life Making a Living*, acompanhou, por vinte anos, 1.500 pessoas que terminavam a universidade. Elas foram divididas em dois grupos: o das que queriam simplesmente ganhar dinheiro e ficar milionárias – 83% delas optaram pelo primeiro caminho, ou seja, 1.245 pessoas – e o restante, apenas 17% dos pesquisados ou 255 pessoas, que optou por perseguir metas com um significado maior e que tivessem ligação com suas verdadeiras aspirações. As pessoas de ambos os grupos seguiram suas vidas e dedicaram o melhor dos seus esforços durante duas décadas, fazendo o melhor que podiam para que seus objetivos fossem alcançados.

Passados os vinte anos, o inesperado resultado: das 1.245 pessoas do primeiro grupo, apenas uma, o que representa 0,08% do grupo, tornou-se uma milionária e atingiu seu objetivo. E quanto ao grupo daqueles ingênuos sonhadores que arriscaram perseguir objetivos com propósitos? Vejam só, cem dessas pessoas ficaram milionárias, mesmo sem ter sido esse o seu objetivo inicial, ou seja, cerca de 40% do grupo. E 100% delas atingiram seus objetivos: dedicar-se a atividades que adoram.

Outras pesquisas revelam que para 79% dos jovens é mais importante trabalhar em uma organização com forte senso de propósito do que receber o maior salário possível.[68] O que eles não sabem ainda é que essa decisão tem um duplo benefício: os aproximam das suas metas e ampliam a possibilidade de serem bem-sucedidos, inclusive sob aspectos financeiros, demonstrando que fazer o bem faz bem para todo mundo. Felizmente, as coisas estão mudando.

Por isso, é muito importante que a sua equação impossível seja muito significativa. Você precisa ardentemente desejar alcançar o objetivo e promover significativas transformações, porque, para atingir resultados exponenciais, você precisará mexer com seu sistema de crenças e isso exige um esforço adicional. É preciso estar realmente comprometido com o resultado que você busca. Como vimos, tanto objetivos repletos de propósito quanto sem exigem grande esforço e dedicação, mas, no caso do primeiro, você dá passos além do esperado, quando no último você tende a desgastar mais rapidamente.

> *É preciso verdadeiramente acreditar que a solução, a alternativa, a saída, já está disponível – porque ela realmente está – e que é apenas uma questão de tempo e de prática percebê-la para tornar perceptível o seu patrimônio invisível. Como disse John Stuart Mill: "Uma pessoa com uma crença é igual à força de noventa e nove que só têm interesses".[69]*

Você precisará estar disposto a agir como um agente de mudanças: mudar atitudes, desafiar crenças limitantes, arregaçar as mangas e ver as coisas de um modo diferente, quer seja para realizar melhorias no seu ambiente profissional ou para realizar grandes transformações. Realizar uma busca constante por ativos invisíveis exige algumas mudanças de postura. Isso passa por reconhecer que você é o único responsável pelos resultados que está colhendo e assumir o protagonismo para mudá-los se eles não estiverem condizentes com o seu potencial e com aquilo que você busca para você e para o mundo. É claro que isso dará muito trabalho, exigirá um esforço a mais. Mas, convenhamos, o que não dá trabalho?

Lembre-se: até mesmo os gênios fazem hora extra em prol de suas equações impossíveis. Einstein trabalhava em um escritório de patentes oito horas por dia, seis dias por semana, enquanto, simultaneamente, desenvolvia suas teorias, e ainda encontrava tempo para brincar com o filho. Como se isso não bastasse, em 1908 começou a trabalhar em um segundo emprego, em uma escola técnica, para complementar a renda.

Beethoven trabalhava "até depois da meia-noite".[70]

"Muitas vezes eu vi Leonardo [Da Vinci] indo de manhã cedo trabalhar na plataforma, diante de *A Última Ceia*, e ali ele permanecia desde que o sol se levantava até o anoitecer, jamais descansando o pincel, mas continuando a pintar, sem comer ou beber", disse o romancista Bandello, testemunha da dedicação do artista[71] que era habituado a passar "longos períodos de intensa concentração".[72]

Justine Musk, ex-mulher de Elon Musk (Tesla e SpaceX) "apenas ria" quando ouvia as pessoas dizendo que trabalhavam muito. "Eu tinha amigas que reclamavam de seus maridos chegarem em casa às sete ou oito da noite", disse ela sobre o marido. "Elon aparecia às onze e trabalhava um pouco mais. As pessoas nem sempre sabiam o sacrifício que ele fazia para estar onde estava". Em discurso à sua equipe encarregada de criar do zero os carros elétricos Tesla, ele deixou claro que estaria disposto a trabalhar sábados, domingos e a dormir embaixo das mesas até que o carro ficasse pronto.[73] E ele não estava brincando.

Portanto, é preciso que uma equação impossível seja atraente a você, para que você se dedique a ela com paixão e entusiasmo. Saber claramente o seu objetivo – e se encantar com a possibilidade de alcançá-lo – ativa sua atenção para possibilidades antes ignoradas que farão com que você obtenha impressionantes saltos. Resultados fora da curva exigem dedicação e energia. Afinal, você não quer correr o risco de deixar passar "a grande sacada" que busca para resolver a sua equação impossível. Mas isso não é tudo. É igualmente importante que ela resulte em avanços para as outras pessoas e, por consequência, para você ou sua empresa, e não o inverso.

Então, disso vem uma conclusão importante:

CONSTRUIR UMA EQUAÇÃO IMPOSSÍVEL COM DESEJOS DE FAMA E FORTUNA É LEGÍTIMO.

MAS O MAIOR POTENCIAL DE SOLUÇÃO DE QUALQUER OBJETIVO SURGE, E SEUS RESULTADOS SE AMPLIFICAM, QUANDO AGIMOS COM FORTE SENSO DE PROPÓSITO. ISSO NOS APROXIMA AINDA MAIS DO ALCANCE DOS NOSSOS SONHOS.

DOIS TIPOS DE PESSOAS

Em 1968, aconteceu a Golden Globe, uma regata marítima que reuniu nove pessoas que tinham em comum a mesma equação impossível: dar a volta ao mundo em barcos a vela, em que os participantes precisavam navegar sozinhos, sem fazer escalas, nem arribar em qualquer porto, sem assistência ou reabastecimento, até voltar ao ponto de partida, passando por regiões de grande perigo como o Cabo Horn, conhecido como cemitério do mar, e pelo Oceano Austral, onde são comuns ondas de trinta metros de altura.

Dois competidores, John Ridgway e Chay Blyth, "não se sentiam em casa" e estavam naquela disputa interessados no prêmio e na fama de ser o primeiro homem da Terra a conseguir fazer aquilo. Foram os primeiros a abandonar a prova.

Os dois melhores colocados, Bernard Moitessier e Robin Knox-Johnston (o primeiro, tendo a vitória garantida, abandonou a prova para continuar navegando, o que fez com que o segundo fosse o vencedor), eram os que estavam "realmente felizes a bordo de seus barcos no mar".[74]

Em 2012, o empresário brasileiro Eike Batista revelou sua equação impossível: tornar-se "o homem mais rico do mundo". Ao jornal inglês *The Guardian*, disparou: "O senhor Carlos Slim [na ocasião homem mais rico do mundo] terá que inventar um novo carro de corrida para me alcançar". Eike, em sua equação impossível, havia inclusive estabelecido que isso ocorreria em apenas três ou quatro anos. Seu foco estava totalmente voltado para si mesmo, no próprio benefício.

Apenas alguns meses após ter dado tal declaração, o empresário presenciou a derrocada de suas empresas, perdeu credibilidade e, em vez de ter suas fotos estampadas nas capas das mais badaladas revistas de negócios, era visto nas manchetes policiais envolvendo acusações de corrupção, e acabou sendo preso.

Como se vê, não ter um propósito legítimo e focado no benefício maior, muito além do seu ganho pessoal, reduz e até mesmo inviabiliza a possibilidade de sucesso em sua equação impossível.

O exemplo serve para ilustrar que existem dois tipos de pessoas. Aquelas movidas por propósitos e aquelas motivadas por recompensas como prêmios, dinheiro, fama e poder. Ao mesmo tempo em que as primeiras estão transformando o mundo, por sua dedicação a projetos em que realmente acreditam, aumentam sensivelmente suas chances de êxito e não raramente, por consequência, precisam conviver com fama e fortuna mesmo sem ter sido este o propósito inicial. E mesmo quando não alcançam a meta, declaram que o caminho foi maravilhoso.

Quanto às pessoas do segundo grupo, o que costumamos observar é que, ainda que tenham atingido seus objetivos de fama e fortuna, não desfrutam do mesmo sabor, não há muita alegria.

Explico. O tenista Andre Agassi dedicou quase trinta anos ao esporte, que o recompensou com milhões de dólares. No dia do seu último jogo, ele admitiu: "Jogo tênis para viver, embora deteste esse esporte. Detesto o tênis com uma paixão secreta e sombria, e sempre detestei". Ele confidenciou que seu pai, um homem furioso e violento, havia imposto ao menino, desde os sete anos de idade, uma rotina diária de 2.500 rebotes, seguindo a ideia de que qualquer pessoa que seja submetida a um treinamento como esse se tornaria um prodígio. E funcionou. Mas ao custo de berros em um ritual intenso que levava o pai a espumar de raiva a cada erro do garoto que, por sua vez, esforçava-se ao máximo para acertar e desfrutar de "meio segundo de sanidade e calma". Isso o levou à depressão, uso de drogas, ataques de ira e ao sentimento constante de que estava "à beira da morte". Um preço muito alto a ser pago, mas a conta do banco estava bem, obrigado. Não foi uma escolha sua, o tênis não era o seu projeto de vida, e sim do seu pai, que enfiou goela abaixo do filho.

De outro lado, vemos o também tenista Roger Federer, que se tornou um dos dois melhores atletas do mundo em seu esporte. Assim como Agassi, ganhou dezenas de milhões de dólares. A diferença é a motivação: Federer deseja simplesmente "fazer um jogo perfeito".[75] Quando garoto, aos quatro anos de idade, demonstrou um interesse e habilidades diferenciadas pelo esporte, seus pais o deixavam à vontade e não o forçaram a nada, apenas o apoiando em suas escolhas. Acreditavam e confiavam nele. Ele não apreciava o tênis somente, mas tudo relacionado a ele. Assistia pela TV a qualquer campeonato.

Ao jornal francês *L'Équipe*, Federer declarou: "O desejo de jogar é algo natural. O que faço muitas vezes é me lembrar de quando comecei.

Por que escolhi o tênis desde pequeno? Por que trabalhei tão duro esses anos? Por que gosto tanto de jogar tênis? A resposta é simplesmente que não creio que haja alguém que ame o tênis como eu". Aí está a diferença: a qualidade.

Disse Federer em outra ocasião: "Não sou o tipo de pessoa que corre atrás de dinheiro. Poderia jogar em torneios menores, nos quais as garantias monetárias são grandes, mas eu não permito que essas coisas me deixem maluco. A coisa mais importante para mim agora é melhorar o meu jogo e ter o controle sobre minha carreira". Federer figura entre os dois melhores tenistas de todos os tempos e contabiliza vinte vitórias em Grand Slam.*

Os bastidores da conquista do Polo Sul também ilustram o que estamos falando. No início do século passado, travou-se uma histórica competição pela conquista do Polo Sul. De um lado, o explorador norueguês Roald Amundsen e, do outro, o inglês Robert Falcon Scott. Ambos teriam que vencer milhares de quilômetros até a latitude 90° em temperaturas que chegariam a 86°C negativos, e rigorosos invernos em que a noite polar dura quatro meses.

Caroline Alexander, em seu livro *Polo Sul: relato da expedição antártica norueguesa a bordo do Fram em 1910-1912*, analisou a odisseia da expedição de Amundsen e encontrou em seus registros algumas descrições sobre como ele percebia o continente gelado.

"A partida foi esplêndida e todos estavam muito animados."

"A beleza daquela tarde era inacreditável!"

Diana Preston, por sua vez, em sua obra *Rumo ao Polo Sul,* analisou os registros de Scott e também encontrou suas descrições sobre o mesmo cenário. Em sua obra, ela deixa escapar que Scott estaria mais interessado no "prestígio que recobriria o homem que conquistasse o Polo para a Grã-Bretanha". O que ele queria mesmo era ficar famoso.

"Meu Deus! Este é um lugar medonho e horrível...", registrou ele.

Seu diário estava repleto de descrições sombrias como "extremamente ruim", "verdadeiramente assustador", "terrivelmente exausto".

A história da conquista do Polo Sul nos ensina o que acontece quando alguém se dedica a uma meta inspiradora: só consegue beleza. E quanto aos outros? Só veem dor e tristeza.

---

[*] Até janeiro de 2018.

Agora responda: quem você acredita que conquistou o Polo Sul, Amundsen ou Scott? Enquanto a expedição de Amundsen voltou segura e fez a conquista parecer até relativamente fácil, toda a equipe de Scott morreu no continente gelado.

Esses e tantos outros exemplos nos levam à seguinte pergunta:

ENFIM, EM QUAL DOS DOIS GRUPOS VOCÊ QUER ESTAR?

DEFINA SEU OBJETIVO EXTRAORDINÁRIO

Em resumo, antes de sair em busca de seus ativos invisíveis, é preciso estabelecer o objetivo que você pretende alcançar para mudar o mundo. É preciso definir a sua equação impossível. Ao fazer isso, lembre-se:

• *Sua equação impossível deve ser um objetivo que não pareça atingível em um primeiro momento, sob o Modelo Mental da Escassez. Ele precisa estar fora da curva.*

• *Para resolver a sua equação impossível, você será obrigado a abandonar o Modelo Mental da Escassez.*

• *Sua equação impossível deverá funcionar como um despertador para acordar a genialidade criativa em você.*

• *É fundamental que a sua equação impossível seja muito significativa. Você precisa ardentemente desejar alcançar o objetivo, para que se dedique a ela com paixão e interesse.*

• *É preciso estar realmente comprometido com o resultado que você busca com sua equação impossível.*

• *É preciso verdadeiramente acreditar que a solução da sua equação impossível já está disponível e que é apenas uma questão de tempo e de prática percebê-la.*

• *Para resolver a sua equação impossível, você precisará estar disposto a mudar atitudes, desafiar crenças limitantes e ver as coisas de um modo diferente, além de reconhecer que você é o único responsável pelos resultados que está colhendo.*

- *Sua equação impossível deve enfocar os avanços e benefícios que trará para as outras pessoas e, por consequência, para você. Nunca o inverso disso.*

- *A sua equação impossível deve estar envolvida em um grande e forte propósito legítimo. Resultados espetaculares são atingidos mais facilmente quando temos propósitos espetaculares.*

- *A equação impossível é o empurrão de que você precisa para saltar. Caso contrário, poderá permanecer sob o mesmo Modelo Mental da Escassez e não vai ousar.*

- *Mutirões são ótimas maneiras de envolver toda a organização em torno das equações que você busca para a sua empresa.*

É muito comum ver empresas reunindo seus funcionários todos os anos para falar sobre seu planejamento estratégico visando melhorar seus resultados, normalmente com ênfase no patrimônio visível. Normalmente, reúnem-se em um bom hotel por alguns dias, durante os quais são apresentados projeções, slides, números, gráficos etc.

Não tenho dúvidas de que seria muito mais proveitoso se essas ocasiões fossem aproveitadas para criar e responder equações impossíveis, do tipo: "Como, de forma rápida e sem custos adicionais, reduzir o nosso prazo de entrega de trinta dias para apenas dez dias?" – cuja consequência natural é a maior satisfação do cliente, a redução de custos e, aí sim, aumento do patrimônio visível: o lucro. Imagine todas essas pessoas reunidas buscando hipóteses e alternativas para resolver os principais desafios pelos quais a empresa passa. Não há nada mais poderoso do que um grupo de pessoas movidas por um ideal comum.

O conceito de equações impossíveis aplica-se a pequenas ou grandes empresas e até a países. Lembre-se do que falamos sobre quando líderes políticos decidem criar equações impossíveis para suas nações. A Dinamarca, por exemplo, quer ser o primeiro país do mundo a usar toda a sua energia de fontes renováveis até o ano de 2050, e deseja que Copenhague seja a primeira capital do mundo neutra em carbono até o ano de 2025, sem que isso prejudique seu crescimento econômico. Encontrando soluções para essa equação, as alternativas de eficiência energética criadas estão sendo exportadas para outros países (a meta é dobrar as exportações desses produtos até 2030), gerando ainda mais riqueza.

Partindo dessa equação, os resultados alcançados até agora são os seguintes: o PIB do país cresceu mais de 400% no período de 1980-2016, mantendo o mesmo consumo de energia de quase quatro décadas atrás.

Conseguiram tudo isso investindo mais em energia limpa, cenário bem diferente dos tempos em que os dinamarqueses eram 99% dependentes de energia importada quando essa meta foi estabelecida.

Esse é apenas um exemplo de resultado possível quando sociedades constroem e perseguem, com seus líderes políticos, equações impossíveis. Um importante ativo invisível que a Dinamarca descobriu para ajudar nessa equação é o mesmo de William: o vento. O recurso tornou o país uma grande potência em energia eólica, fonte importante da sua matriz energética.[76]

A Dinamarca é um país pequeno. Se você decidir cruzá-lo de uma ponta a outra, de carro, sairá após o café da manhã e concluirá a tarefa na hora do almoço. Então, imagine agora quantos ativos invisíveis temos aqui em nosso país, em um território de dimensões continentais...

Empreguei esses conceitos primeiramente no meu trabalho e resultados visíveis começaram a aparecer. Depois o usei em outras organizações e resultados significativos também surgiram.

Em um desses casos, em uma organização pequena, o desafio era considerável. A empresa havia sido fundada em 1972 e já havia contado com mais de quarenta clientes em sua carteira. À medida que os anos foram passando, porém, um constante processo de fusões no mercado provocou uma redução de 80% na carteira de clientes daquela empresa. As receitas acompanharam a mesma direção, provocando a necessidade de constante redução de custos, demissões e suspensão de investimentos.

Aumentar simplesmente o preço para os remanescentes não estava entre o leque de alternativas. Como é de se esperar, todos os clientes desejam reduzir custos ao invés de aumentá-los.

Eles estavam realmente com grandes dificuldades. O que fazer? Foi nesse cenário que recebemos o desafio de fazer alguma coisa para mudar a situação. O "efeito Kodak" era evidente e, assim como aconteceu com a multibilionária empresa de filmes fotográficos, se nada de concreto fosse feito, o destino inevitável dessa média empresa seria a sua extinção.

Era preciso agregar valor ou buscar novos serviços a oferecer. Uma varredura sobre as alternativas visíveis, palpáveis, mensuráveis e concretas não trouxe muito sucesso em encontrar saídas. Era preciso fazer algo diferente. Oferecer uma solução que apoiasse os seus clientes em suas necessidades e, por consequência, inverter o cenário decrescente.

A equação impossível que buscávamos era a seguinte:

De que maneira, em um curto espaço de tempo, podemos desenvolver novas soluções e alternativas de serviços para resolver problemas dos atuais e novos clientes potenciais, de modo a reverter a espiral negativa de redução do número de clientes e de receita, sem realizar investimentos financeiros (não havia recursos para isso) e, ao mesmo tempo, elevar o número de clientes e, por consequência, ampliar as nossas receitas anuais?

As perguntas que fizemos:

Quais ativos já existem na organização e não são devidamente valorizados, mas que podem contribuir para atingirmos um novo patamar de resultados? O que está no círculo maior, invisível, que pode ser valioso para nós? Qual o patrimônio não contabilizável no balanço que pode ser utilizado nessa equação?

Foi a partir daí que se desenrolou o processo de busca dos ativos invisíveis, como veremos.

AGORA VAMOS EXERCITAR.

Utilize o espaço abaixo para registrar suas equações impossíveis, ou seja, quais são as transformações que você busca.

MINHAS EQUAÇÕES IMPOSSÍVEIS SÃO

RESUMO DO CAPÍTULO

- Construir a equação impossível é o primeiro passo em direção à mudança.
- Ela deve ser realmente fora da curva e deve perseguir resultados exponenciais.
- Uma meta pouco inspiradora não canalizará suas melhores energias.
- Elaborar uma equação pensando em si e não nos outros é uma excelente forma de boicotar o próprio sucesso.

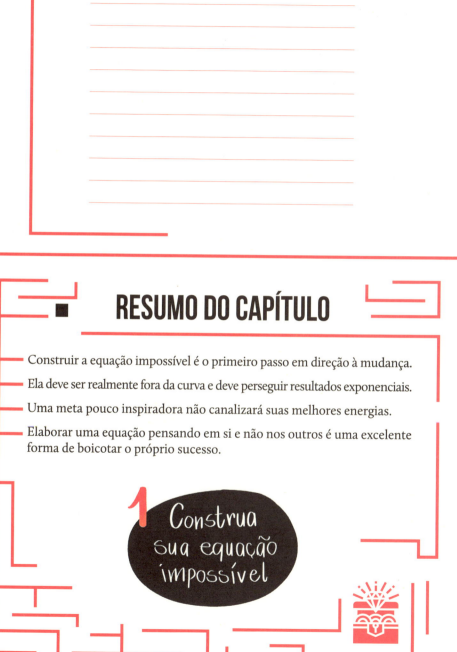

ETAPA 2.
COLOQUE-SE EM ESTADO DE ATENÇÃO PLENA PARA IDENTIFICAR SEUS ATIVOS INVISÍVEIS

A maioria das pessoas não percebe as oportunidades e recursos que já têm em suas mãos para mudar o mundo simplesmente porque estão fazendo inúmeras outras coisas exceto prestando atenção a eles. Em outras palavras, estão com as antenas desligadas.

Ainda na infância, nós nos concentrávamos em detalhes e nuances considerados irrelevantes pelos adultos. Precisamos voltar a fazer isso.

Segundo o psicólogo da Universidade de Chicago, Mihaly Csikszentmihalyi, as pessoas ao redor do mundo se sentem melhor quando estão envoltas em atividades que impliquem um desafio claro, que exijam concentração intensa, sem distrações.[77] Por isso, algumas práticas esportivas, como alpinismo, são procuradas. Curiosamente, uma equação impossível oferece todos esses elementos.

ATÉ AQUI, VIMOS QUANTAS ALTERNATIVAS SURGIRAM A PARTIR DE PEQUENAS SUTILEZAS, ATESTANDO QUE PEQUENAS OBSERVAÇÕES TÊM O PODER DE GERAR GRANDE IMPACTO.

Colocar-se em estado de atenção plena funciona mais ou menos da seguinte maneira: todos os dias você vai para o seu trabalho. Durante o caminho, você pensa nas coisas mais diversas, os pensamentos voam. Suponha que você viu em um outdoor a foto de um carro muito bonito que chamou a sua atenção. Até aquele momento, você não o percebia e nem dava muita bola para isso. Mas agora que você foi atingido em cheio pela foto daquela bela máquina, você passou a prestar atenção a ela. Notou como a partir desse instante você começa a perceber aquele mesmo tipo de carro em muitos lugares diferentes? Antes você nem sabia que ele existia, agora você o vê em todo lugar.

Com algumas mulheres, acontece o mesmo. Suponha que você ainda não foi mãe ou não pensa em ter filhos. Nessas condições, normalmente você não presta muita atenção em coisas relacionadas à maternidade, mesmo quando passa em frente a uma vitrine de artigos infantis. Porém, quando você começa a cogitar a maternidade ou fica grávida, sua atenção automaticamente se volta para outras mulheres grávidas, bebês e tudo relacionado ao tema (educação de crianças, quartos infantis, móveis, roupas para bebês, acessórios). Isso acontece porque você dedicou uma parcela da sua atenção para essas questões.

Agora, imagine esse estado de atenção muito mais amplo, voltado a responder o seu objetivo. Quando temos a nossa equação impossível em mente, acontece a mesma coisa. Sua atenção vai se voltar para aspectos que antes você ignorava, e várias alternativas começarão a se revelar. O aqui e agora ganham nova conotação, já que você reduz a velocidade interna, como falamos, para perceber aspectos sobre alternativas e saídas que já estão disponíveis se você se permitir ter ideias radicais, observar sutilezas antes ignoradas e recursos que não são devidamente valorizados por outras pessoas.

Algumas das alternativas que vão surgir não serão úteis, mas você seguirá até que encontre a mina de ouro que tanto buscava. Lembre-se de que o caminho para criar mudanças significativas não conta com trilhas prontas.

Estamos rodeados por tesouros esperando pela nossa atenção. Quando as pessoas não estão em seu melhor estado, a revelação de que tanto precisam passa por elas sem ser notada. Algumas vezes, até reclamam de sua aparição, como, por exemplo, a oportunidade surge de mãos dadas com um fracasso, ou mesmo um problema aparentemente sem importância.

Enquanto o norte-americano Reed Hastings vasculhava o seu armário, encontrou um DVD do filme *Apollo 13* que ele havia pegado na locadora e esquecera de devolver. Desconcertado com a situação, correu para devolver o filme e lhe cobraram US$ 40 de multa pelos dias adicionais que esteve com o DVD. Muito caro!

Reed era apenas mais uma entre provavelmente as milhões de pessoas no mundo que se esqueciam de entregar os filmes no prazo estipulado. A locadora que ele escolheu ganhava US$ 600 milhões por ano apenas com multas por atraso pagas por seus clientes. Essa mesma empresa tinha mais de 9 mil lojas e 60 mil funcionários. Faturava anualmente US$ 6 bilhões e uma parte disso era decorrente das multas dos clientes desatentos que se esqueciam de devolver os filmes.

Um problema sem muita importância para milhares de pessoas, que sempre pagavam suas multas sem questionar. Não para Reed! Para ele, aquilo era inadmissível. Foi por causa dessa multa que ele decidiu criar um novo tipo de locadora em que as pessoas não precisassem devolver filmes. Elas poderiam assisti-los quantas vezes quisessem, por quanto tempo quisessem. Apesar de ser uma empresa nova e com uma equipe de aproximadamente três mil funcionários, pagar a multa de US$ 40 o motivou o suficiente para criar a empresa que está avaliada em US$ 44 bilhões. A Netflix transformou-se na maior locadora de filmes do mundo mesmo sem possuir nenhuma loja ou DVD.

O que aconteceu com aquela locadora multibilionária? Entrou em concordata.

Ninguém gosta de problemas, não é mesmo? Ninguém acorda cedo e pensa: "Que bom, hoje terei uma série de problemas!".

ACONTECE QUE A OPORTUNIDADE ESTÁ ATÉ NAQUILO QUE AS PESSOAS CONSIDERAM PROBLEMAS.

DIAS DIFÍCEIS, IDEIAS BRILHANTES

Richard Branson, estudante disléxico que abandonou os estudos durante a adolescência, sabia disso muito bem, antes mesmo de se tornar um bilionário. Ele viu uma oportunidade que o levou a criar a companhia aérea Virgin Atlantic justamente quando seu voo de Porto Rico para as Ilhas Virgens foi cancelado. Imediatamente, ele angariou 39 passageiros que, como ele, já não iriam mais embarcar e, com isso, custeou o aluguel de um avião. Mais uma vez: muita gente já passou pela mesma situação. Em vez de se queixar e reclamar, ele optou por ver a oportunidade que se escondia naquele problema e criou uma empresa para evitar que pessoas passassem pela mesma situação. O efeito colateral disso: tornou-se bilionário.

O surfista Nick Woodman também tinha uma dificuldade aparentemente banal. Ele queria filmar suas surfadas, mas não é muito legal fazer isso usando um pau de selfie! Então, ele criou a GoPro e abriu um mercado multimilionário de câmeras criadas para desportistas radicais.

Travis Kalanick teve um dia difícil e, como se não bastasse, a noite estava muito fria em Paris, enquanto ele lutava para conseguir pegar um táxi. Milhões de pessoas já passaram por situação semelhante, mas só ele percebeu a oportunidade que aquilo representava. Travis queria uma alternativa para poder pegar um carro com um clique, de forma rápida e simples, em vez de ficar congelando e dependendo da sorte de conseguir um táxi. Criou, com apenas um punhado de empregados, o Uber.

A americana Elizabeth Gilbert, como milhões de mulheres e homens pelo mundo, encarou uma crise existencial quando chegou à meia-idade, que a deixou "insatisfeita e triste":[78] "O que é que eu realmente quero? Por que estou infeliz? Há algo que, se eu fizesse, mudaria a minha vida de fato? Por que estou onde estou? Para onde estou indo? O que estou fazendo dessa vida maravilhosa que me foi dada?".[79] Eram algumas das perguntas que a visitavam, as mesmas que outras tantas pessoas já tiveram ou estão tendo.

Para lidar com essas questões, decidiu fazer uma introspectiva viagem pela Itália, Índia e Indonésia. Era uma jornada de redescoberta de si própria que decidiu registrar em um livro: *Comer, rezar, amar.* Vendeu mais de oito milhões de exemplares e até virou um filme estrelado por Julia Roberts. Detalhe: o dinheiro para a viagem ela conseguiu com a editora que publicaria o livro.

A mãe Sharon Standifird, cansada de ser ignorada pelos filhos adolescentes que saíam para as festas e nunca cumpriam a promessa de dar notícias, criou um aplicativo chamado Ignore No More. Se a pessoa ligar e o filho não atender, o celular dele é simplesmente bloqueado e, para desbloquear, os filhos têm duas opções: ou ligam para a mãe ou para um serviço de emergência. A partir daí, preocupados em não conseguir usar seus aparelhos, passaram a atender imediatamente!

O administrador Eduardo Baer adotou um cão em 2014. Quando decidiu viajar com a esposa, não tinha onde deixá-lo e não gostava desses hotéis para animais: "Os hotéis convencionais mantêm os animais em confinamento, e ainda são caros e impessoais", disse.[80] Ele buscava uma alternativa mais amistosa para seu bicho de estimação. A partir disso, criou o aplicativo DogHero, uma espécie de Airbnb para cães, no qual qualquer pessoa que goste de cães pode se habilitar a recebê-los por um dado período de tempo. Eduardo agora vislumbra expandir o negócio para toda a América Latina, além de oferecer serviços como creche para animais (*pet sitter*), pessoas para levar os cães para passear (*dog walker*) e incluir outros animais, como gatos.

Esses exemplos servem para justificar o que disse Albert Einstein: "No meio da dificuldade encontra-se a oportunidade". Infelizmente, a maioria das pessoas ainda não percebeu o potencial que os problemas representam. Queixam-se e amaldiçoam os problemas quando, na verdade, eles podem ser valiosos presentes. Sim, até mesmo os problemas fazem parte do seu patrimônio invisível, como os carrapichos grudados nas meias de George de Mestral.

LIGUE A ANTENA.
CONSIDERE TODAS AS POSSIBILIDADES

O adolescente sul-africano Ludwick Marishane saiu com um casal de amigos para aproveitar o dia e relaxar, quando o seu amigo fez um comentário despretensioso: "Cara, por que ninguém inventa alguma coisa que a gente possa apenas passar na pele e então não precisar tomar banho?".

Ele respondeu: "Cara, eu compraria isso, viu?".

Então, ele foi para casa e descobriu alguns dados impressionantes: mais de 2,5 bilhões de pessoas no mundo não têm acesso adequado à água e esgoto, sendo que destas, 450 milhões vivem no continente africano e 5 milhões no próprio país dele. Essa condição provoca diversos tipos de doenças.

Isso o levou a pensar: "Ok, mesmo que eu não esteja fazendo isso por mim ou por não querer tomar banho, pelo menos preciso fazer para tentar salvar o mundo."[81]

Usando apenas o seu celular Nokia 6234, ele iniciou uma pesquisa sobre loções, cremes e coisas do tipo, que o levou a uma pequena fórmula que escreveu em um pedaço de papel, um plano de negócio que ele registrou no mesmo celular, bem como uma patente do produto – tornando-se o mais novo detentor de uma patente em todo o país.

Inspirado na ideia de "banho nunca mais", ele criou o DryBath, a primeira loção substituta do banho no mundo. Você passa o produto na pele e não precisa tomar banho, tendo os mesmos efeitos higiênicos. O produto está disponível no varejo e 90% de sua produção é exportada para a Europa e Estados Unidos, onde é usado também por pessoas que gostam de acampar, viajar ou participar de festivais.

GRANDES E PEQUENOS PROBLEMAS ESCONDEM OPORTUNIDADES.

ENQUANTO MUITOS SIMPLESMENTE EVITAM OU IGNORAM DESAGRADÁVEIS SITUAÇÕES CORRIQUEIRAS, AQUELES QUE DETÊM O MODELO MENTAL DE OPORTUNIDADES ESTÃO ATENTOS ÀS OPORTUNIDADES QUE ELES REPRESENTAM.

O Google o nomeou uma das mentes jovens mais brilhantes do mundo. Ele foi o primeiro africano a receber o título de melhor estudante empreendedor do planeta, em 2011, e a *Time Magazine* o considerou uma das trinta pessoas com menos de trinta anos que estão mudando o mundo.[82] Uma das matérias sobre ele fala sobre o bilionário de 21 anos que inventou o produto aos dezessete.

Quando éramos crianças, nada escapava ao nosso radar. Gravetos eram usados para criar espantalhos. Caixas de papelão eram abertas e usadas como pranchas de surf para descer o gramado, empurrados pela força da gravidade. Qualquer recurso, normalmente considerado sem potencial pelos adultos, era valioso e suficiente para que atingíssemos o nosso objetivo.

Certamente você já tem à sua disposição uma série de saídas que não estão sendo consideradas ou que parecem sem utilidade e que podem estar a serviço dos seus objetivos. Durante a infância, eles se transformavam em todo tipo de brinquedo e atendiam aos seus objetivos. Com eles, você fez coisas grandiosas e divertidas. E pode voltar a fazer usando o mesmo método.

DE MODO SEMELHANTE, VOCÊ AINDA ESTÁ RODEADO DE RECURSOS CATEGORIZADOS PELO MODELO MENTAL DA ESCASSEZ COMO SEM POTENCIAL ALGUM E QUE ESTÃO SENDO IGNORADOS POR NÃO SE IMAGINAR UMA APLICAÇÃO VIÁVEL PARA ELES.

O cientista francês Antoine Laurent Lavoisier, considerado o pai da Química moderna, disse: "Na natureza nada se cria, nada se perde, tudo se transforma". Pois bem, então na natureza não existem resíduos, pois tudo é processado. A partir dessa ideia, aquilo que ninguém deseja certamente encontra utilidades das mais variadas, identificadas se olharmos com um pouco de perspicácia. Por exemplo, o que deveríamos fazer com dois milhões de toneladas de bagaço de laranja que são descartados todos os anos pelas indústrias de suco do Brasil e Estados Unidos? Um projeto chamado ZestBio Orange Bottle converte esse material indesejado em garrafas de plástico ecoamigáveis.

John Marren criou no Reino Unido há mais de quarenta anos o conceito de redistribuição de alimentos excedentes ao ver alimentos em bom estado de conservação serem jogados fora pela cadeia de suprimentos dos supermercados. E transformou aquilo que não tinha valor em um negócio: a Company Shop, que compra e vende esses produtos a um preço reduzido.

O que dizer então de esgoto, provavelmente um dos resíduos humanos mais indesejados? A Sanivation é uma empresa que oferece banheiros para famílias carentes em troca de seus resíduos, que são usados para gerar combustível e para criar um carvão que produz menor impacto de carbono que o combustível tradicional, tudo isso enquanto evita doenças provocadas pela falta de saneamento nessas regiões.

O estudante de Biologia da Universidade de Brasília Marco Antônio Duarte resolveu usar um material abundante, gratuito e que ninguém quer para produzir papel reciclado: bitucas de cigarro.

HÁ UMA SÉRIE DE OPORTUNIDADES DE TODA ORDEM PARA QUEM PRESTA ATENÇÃO EM COISAS APARENTEMENTE INÚTEIS.

Todas elas contam com um potencial significativo de gerar transformações significativas para você e para o mundo. Para descobri-las é preciso estar atento.

Mesmo sendo ainda uma criança, o norte-americano Ashton Cofer e seus amigos ficaram surpresos em saber que praias da América Central estavam cheias de isopor (poliestireno). Como se sabe, o isopor leva mais de quinhentos anos para se decompor na natureza. No entanto, muitos dos produtos (principalmente eletroeletrônicos que compramos) vêm embalados com uma generosa quantidade de isopor. Imagine quantas toneladas são produzidas e dispensadas em aterros em todo o mundo. O produto não é reciclado porque o processo é muito caro, economicamente inviável do ponto de vista financeiro e os processos conhecidos para fazê-lo são potencialmente contaminantes.

Ashton e seus amigos decidiram qual seria o seu projeto de ciências: simplesmente encontrar uma maneira de usar o carbono presente no isopor para criar carbono ativado, utilizado em filtros de água para filtrar contaminantes, inclusive do ar.

Mas, se isso fosse possível, a um custo viável, cientistas, pesquisadores e PhD's já o teriam feito, certo? Imagine o multimilionário mercado mundial de reaproveitamento de isopor! Mas não foi bem assim que isso aconteceu. Os cientistas não olharam para esse imenso ativo invisível.

A equação impossível de Ashton e seus amigos era:

Como, sem dispor de laboratórios apropriados, recursos para pesquisa, conhecimento especializado, em um curto espaço de tempo, encontrar uma maneira de transformar o carbono presente no isopor em carbono ativado, para ser usado na purificação da água e do ar de modo economicamente viável em vez de poluir os mares?

Depois de um exaustivo processo de tentativa e erro e de muitas falhas buscando a combinação certa de temperatura (usando a churrasqueira de seu pai, que acabou incendiada no processo), o tempo e produtos apropriados, eles encontraram uma que funcionou. As crianças haviam criado carbono ativado a partir de isopor, uma solução com o potencial de resolver dois problemas globais: a poluição causada pelo produto e a necessidade de filtros para despoluição de água e ar. A partir dos resultados, choveram interessados em financiar seus experimentos e eles receberam prêmios importantes, como o Scientific American Innovator Award da Google Science Fair. Essas crianças estão trabalhando agora na obtenção da patente de sua descoberta.

> *Quantos recursos aparentemente sem potencial você tem à sua disposição nesse momento? Eles estão por toda parte e representam oportunidades valiosas. São suficientes para construir novos impérios se você se colocar no estado de atenção plena.*

Muitas empresas incentivam a inovação colhendo projetos e propostas de melhoria de sua rede de colaboradores. Muitas dessas ideias, mesmo promissoras, foram descartadas por pessoas que as consideraram *rock and roll* "demais" sob a influência do Modelo Mental da Escassez e se transformaram em "resíduos".

Uma ótima maneira de encontrar tesouros escondidos é revisitar esse material que foi descartado, engavetado ou interrompido. Certamente você encontrará ali valiosas oportunidades de ideias que não foram devidamente trabalhadas e que já podem gerar resultados.

Quais são os ativos que não estão sendo usados por você ou por sua empresa? Quais são aqueles que estão sendo pouco usados? Já pensou em fazer um inventário de coisas que são consideradas sem utilidade ou que são muito valiosas e estão no balanço como o alto nível de alegria dos funcionários? Elas têm utilidade para alguém? Certamente que sim. Inspirados no princípio de que tudo o que há na natureza é valioso para alguém da cadeia.

Há tecnologias que estão disponíveis e que não estão sendo devidamente utilizadas em sua empresa ou no seu trabalho, em decorrência da frágil crença de que, se fossem promissoras, o seu time de especialistas já teria identificado? Há entre os seus relacionamentos alguns com grande potencial, mas que foram classificados como de baixo potencial, e que podem gerar parcerias estratégicas importantes?

Pense também no relacionamento que a sua empresa tem com distribuidores, clientes e fornecedores. Eles também representam tesouros que você já tem nas mãos e que podem contribuir de forma definitiva para seus resultados. Aliás, esse foi o ativo invisível mais importante que encontramos naquela empresa que demos como exemplo, na qual aplicamos esses conceitos e que permitiram triplicar os resultados anuais, gerando alguns milhões de reais de lucro onde as pessoas não viam nada. Mesmo sem dispor de recursos para financiar a solução que pretendíamos desenvolver, o resultado foi obtido por meio da busca de parceiros que acreditaram no processo e concordaram em correr o risco de investir nas ideias apresentadas, com a perspectiva de compartilhamento das receitas em que todos ficaram felizes no final.

Há um ditado laosiano que diz:

"SE VOCÊ GOSTA DE COISAS FÁCEIS, VOCÊ TERÁ DIFICULDADES. SE VOCÊ GOSTA DE PROBLEMAS, VOCÊ SERÁ BEM-SUCEDIDO".

Muitos pais que venceram grandes obstáculos na vida se esquecem desse ditado e, por amor, visando o melhor para seus filhos, removem do seu processo de formação justamente o ingrediente mais importante: as dificuldades que forjaram o seu caráter. O resultado disso são pais altamente competentes em lidar com a vida e seus desafios e filhos despreparados e frustrados por não conseguirem atingir seus objetivos ou sendo recompensados sem qualquer merecimento, revelando uma geração inteira de pessoas que não conseguem evoluir como fizeram seus pais. Pais ricos, filhos nobres...

Todos já ouvimos falar sobre o quanto as dificuldades têm um efeito pedagógico e transformador poderoso. Quando estamos em apuros, como na história de Nilton Bonder, recorremos a alternativas e esforços que, sob outras circunstâncias, não acessaríamos.

Isso nos mostra que obstáculos escondem valiosas oportunidades. Uma equação impossível é justamente um obstáculo que você escolhe. Olhe os problemas (inclusive aqueles aparentemente banais e corriqueiros) com outros olhos para descobrir as oportunidades que eles escondem e que serão essenciais para criar as inovações que você deseja para sua vida, para os seus negócios e para o mundo.

Cuidado! O ato de se colocar em estado de atenção plena é irreversível. Uma vez ativado, será usado inúmeras vezes, nos mais diversos desafios e ocasiões e, depois disso, você não conseguirá mais voltar ao estado anterior, o de visão estreita. Esse é um caminho sem volta.

AMPLIE A BASE DE CONHECIMENTO – TODO MUNDO PODE BRINCAR

Quando crianças, tínhamos uma característica indiscutível: éramos naturalmente inclusivos, interativos. Já aos três anos, não havia barreiras para conhecer, brincar e envolver o maior número possível de crianças para ampliar a diversão. Não havia receio em convidar um completo estranho para participar das brincadeiras. Ao contrário, quanto mais gente, melhor. Naquela época, o que valia era a construção coletiva que permitia o surgimento de uma série de novas brincadeiras.

À medida que nos tornamos adultos, passamos a ser mais seletivos e exclusivos. Meninos excluem as meninas nas brincadeiras e vice-versa. Brincar com os pais vai deixando de ser interessante e eles passam a ser excluídos da diversão também. Deixamos de focar no outro e o egocentrismo toma lugar. Em pouco tempo, tornamo-nos um tanto quanto fechados em relação ao outro ou às suas ideias. E quando passamos a expressar um eu menor, centrado mais em si próprio e em suas próprias convicções, se reduz a diversão e as possibilidades dessa construção coletiva de conhecimento. Passa-se a acreditar que a visão individual do mundo é suficiente para lidar com os desafios. Muitos se tornam cada vez mais especializados em suas próprias ideias e adoram vê-las confirmadas por outras pessoas.

Chip Heath, professor da Universidade de Stanford, e Dan Heath, membro do Conselho da Duke University's Center for the Advancement of Social Entrepreneurship (CASE), identificaram um fenômeno que eles denominaram de Maldição do Conhecimento, que tem a ver com as certezas que alimentamos ao longo da vida, a partir de nossas experiências, e supomos que os outros também compreenderão aquilo que, para nós, parece óbvio. Em outras palavras, somos vítimas do nosso próprio aprendizado individual. Por isso, em nossa mente, tendemos a ouvir as músicas que atendem ao nosso paladar musical e, talvez por isso, as ideias *rock and roll* fiquem de fora.

Uma excelente maneira de lidar com a Maldição do Conhecimento é ampliar a base de conhecimento e começar a encarar o fato de que lidar com incertezas não mata ninguém. Isso significa ampliar a teia, e envolver outras pessoas, inclusive aquelas que não têm qualquer conhecimento sobre o tema de que você pretende tratar, bem como pessoas de diferentes setores, na teia do problema que você precisa solucionar. Você pode usar esse mesmo recurso para responder equações impossíveis e encontrar ativos invisíveis.

Cristo foi um dos primeiros líderes a perceber os nocivos efeitos da Maldição do Conhecimento. Por isso, escolheu Pedro, alguém com o "HD limpo" como o de uma criança, para ser o seu mais importante apóstolo. Disse: "Tu não compreendes as coisas espirituais e, portanto, farei de ti o chefe de minha igreja".

Essa teoria faz todo o sentido se lembrarmos que Bunker Roy procurou arquitetos que disseram para ele que a construção que ele pretendia erguer (Universidade dos Pés Descalços) não era viável. Ele foi lá e fez seguindo a recomendação de "arquitetos" analfabetos.

Esse tipo de coisa acontece a todo momento. Os especialistas da Kodak ignoraram uma tecnologia que eles próprios desenvolveram (a fotografia digital), vítimas da Maldição do Conhecimento. PhD's disseram a uma jovem estudante que era impossível transmitir energia elétrica pelo ar e não era, como você verá.

Thomas Edison contratou o eletricista Reginald Fessenden para resolver um problema que seus químicos não conseguiam solucionar. Quando Reginald disse a Edison que não entendia nada de química, ele respondeu: "Eu não quero que você seja um químico. Já tive muitos químicos... Mas nenhum deles conseguiu resultado algum".[83] E foi o eletricista, e não os químicos, que encontrou a substância que Edison tanto buscava para isolar cabos.

Em 1714, os britânicos ofereceram um prêmio para a pessoa que "descobrisse como medir precisamente a longitude no alto-mar". Esperava-se que um astrônomo encontrasse a saída, mas foi John Harrison, um relojoeiro.[84]

Quando Elon Musk precisava, por exemplo, construir tanques de combustível para seus foguetes, não buscou pessoas da indústria aeroespacial, e sim "empresas que fabricavam grandes tanques agrícolas de metal, usados no setor de laticínios e de processamento de alimentos".[85]

Por esse motivo, Peter Diamandis emenda: "Portanto, se alguém está em busca de grandes desafios, os experts talvez não sejam seus melhores colegas de conspiração". Por exemplo, o desafio de construir "um veículo acionado por foguete capaz de decolagens e aterrissagens verticais para retornar à superfície da Lua" criado pela X Prize foi vencido por duas equipes pequenas, "fundadas por empresários de software e só tinham como funcionários uns poucos engenheiros em tempo parcial, sem nenhuma experiência no setor espacial".[86]

Davi Braga, um pré-adolescente alagoano, filho de uma dona de papelaria, mesmo muito novo já percebia a odisseia dos pais em pesquisas de preços para compra de material escolar para os filhos, ano após ano. Apesar de sua mãe, a dona do empreendimento, também lidar com a mesma questão há muito tempo, foi o garoto (e não ela, que já era empreendedora e expert do ramo) que criou o List-it, um site (que virou aplicativo) que resolve tudo isso de maneira rápida, prática e barata. A plataforma possibilita às escolas cadastrarem suas listas. De outro lado, fornecedores se inscrevem para vender os seus produtos por meio de uma disputa de preços, e entregam todos os produtos em casa. "Meu pai sempre me disse que para empreender era preciso solucionar problemas. Eu observava os pais reclamando sobre a dificuldade que tinham para montar a lista e pensei em desenvolver alguma coisa neste sentido", disse o garoto, que lançou o livro *Empreender grande, desde pequeno*, pela Buzz Editora.[87]

Como se vê, a Maldição do Conhecimento é uma barreira significativa que atrapalha o acesso a uma nova gama de possibilidades. Centrar-se apenas nas próprias ideias, certezas e opiniões pode ser fatal. É muito mais difícil atingir objetivos sendo um especialista solitário e muito mais fácil obter grandes resultados tendo uma postura mais aberta. Se você pretende criar transformações de forma muito mais ágil e econômica, ampliar a base do conhecimento é uma excelente maneira. Você não precisa encontrar os ativos invisíveis sozinho. Ao contrário, assim como nas brincadeiras da infância, quanto mais gente, melhor. Ao agir de maneira solitária, perde-se um tesouro: os ganhos que a ampliação da teia de relacionamentos e da base de conhecimento proporciona, além de tempo e recursos.

Essa ampliação da base de conhecimento pode ser feita de várias maneiras.

Quando Scott Hassan decidiu dar passos mais rápidos em direção ao seu avançado projeto de robótica PR2, optou por utilizar o código aberto do software que controla a máquina para, com isso, obter a ajuda do maior número possível de pessoas e avançar mais rápido nesse processo. Ele disse: "Os sistemas fechados retardam as coisas. Queremos as melhores mentes ao redor do mundo trabalhando nesse problema".[88] Ele optou pelo caminho de deixar a porta aberta a qualquer pessoa do mundo interessada em contribuir no desenvolvimento do seu software.

> **VOCÊ TAMBÉM PODE "OLHAR POR CIMA DO MURO", OU SEJA, AMPLIAR A SUA BUSCA POR RESPOSTAS PARA ALÉM DOS LIMITES DA SUA ATIVIDADE, PROFISSÃO OU NEGÓCIO.**

Por ter sido ensinado assim, você pode estar dedicando muito tempo e energia no enfrentamento e monitoramento de seus concorrentes, sem perceber que a verdadeira ameaça ou oportunidade pode não estar neles e sequer em seu setor e, portanto, fora do seu radar. Enquanto os taxistas observavam as empresas de transporte rodoviário, o Uber veio e abalou suas estruturas. Enquanto hotéis concorriam entre si, surgiu um corpo estranho chamado Airbnb e mudou todo o jogo rapidamente. Isso tudo é apenas o começo. Grandes bancos hoje estão em vias de encontrar grandes novos concorrentes, que sequer existiam algum tempo atrás e que sequer são bancos, como a Apple atuando em serviços financeiros. Por isso, concentrar-se apenas dentro do seu segmento significa correr um risco muito elevado de ser atropelado pelas inovações.

Imagine todo o orçamento destinado à inovação despendido por todas as empresas de telecomunicações do mundo inteiro nos últimos anos. Nenhuma delas foi capaz de prever o surgimento do WhatsApp e os efeitos que o aplicativo trouxe sobre seus negócios, justamente porque estavam de olho umas nas outras e não nas influências que surgiam vindas de setores completamente diferentes. Olhavam para sua própria indústria e não para o ecossistema no qual ela se insere.

Por isso, empresas de aviação estão indo para o Vale do Silício, acompanhar de perto as evoluções no campo da realidade virtual. O temor é que essa tecnologia evolua de uma forma tão significativa que as pessoas prefiram visitar Paris sem sair de casa, usando óculos de realidade virtual com impressionante nível de fidedignidade. Essas companhias estão prestando atenção no ecossistema e não olhando apenas para o próprio umbigo ou para o seu próprio setor. A GE Capital, por exemplo, sob a premissa de que "apenas a inovação radical aumentará os resultados a longo prazo", incentiva seus executivos a investir metade de seu tempo "à procura de oportunidades de negócios fora das fronteiras dos empreendimentos atuais".[89] Além disso, a empresa a todo momento está criando e buscando responder equações impossíveis. E esses são apenas alguns sinais das transformações que estão por vir.

Nessa mesma direção da ampliação da base do conhecimento, também não se pode questionar o valor da cooperação entre veteranos e novatos nas organizações. Esses veteranos atuam como mentores da nova geração de colaboradores, visando a criação de um ambiente integrado. Mas não termina aí. A lógica inversa também funciona e já começa a ser explorada quando observamos presidentes de grandes empresas selecionando, entre os funcionários mais jovens e inexperientes – e não somente entre os mais experientes –, aqueles que serão seus mentores. Sim, um jovem de vinte e poucos anos pode ser mentor de um presidente de uma grande empresa. Essa alternativa se aplica no caso em que CEO's precisam aprender a pensar como a geração do futuro para construir a empresa voltada para os clientes do amanhã. Uma humildade estratégica valiosa que deve ser cada vez mais praticada.

Ampliar a base do conhecimento envolve também aproveitar todo o potencial que sua equipe já tem e que não está sendo usado. Pense na possibilidade de que um número impressionante de pessoas de alto desempenho de que você precisa para criar a teia que vai ajudá-lo a dar saltos em seus resultados podem já ser seus colegas dentro da sua própria organização, mas que estão sendo completamente ignoradas, inclusive em relação ao seu talento empreendedor e criativo. São pessoas de alto envolvimento, interessadas e comprometidas em contribuir, repletas de conhecimento, mas que estão fora do radar dos líderes e que, portanto, não estão sendo envolvidas em projetos importantes. Você já pensou na possibilidade de identificar e envolver esse pessoal nos projetos mais relevantes da companhia?

Pesquisas apontam que "o valor total do capital humano corresponde ao triplo de todo o capital financeiro e manufaturado".[90] Mais uma vez o patrimônio invisível superando o patrimônio visível. O valor daquilo que não está representado no balanço. Se a maior riqueza de uma companhia são as pessoas, por que essa riqueza não é contabilizada? Esse tesouro está à sua disposição e à disposição da sua organização, que pode estar sendo parcialmente ignorada ou subutilizada.

A IDEO, uma empresa de design global, ampliou com sucesso a sua base de conhecimento por meio de uma plataforma social com perfis que descrevem capacidades e o desempenho dos funcionários. O mecanismo de conexão de pessoas foi eficaz na identificação dessa mina de ouro que, sem isso, poderia permanecer ignorada, desperdiçando capital intelectual valioso.

A Best Buy, conhecida varejista norte-americana, seguiu o mesmo caminho, criando uma rede social chamada Blue Shirt Nation para incentivar a troca de ideias entre funcionários de todos os níveis, estabelecendo conexões entre pessoas distantes geograficamente e discutindo os relevantes projetos organizacionais.[91]

> *Redes de colaboração: eis uma ótima maneira de encontrar respostas para suas equações impossíveis e identificar ativos invisíveis. Inclusive o Exército dos Estados Unidos tem utilizado essa fórmula para aproveitar o conhecimento das equipes atuais e também dos veteranos.*

Não importa qual seja o seu desafio, ao ampliar a base do conhecimento, você verá que há sempre pessoas que podem ajudá-lo.

Os conceitos tão amplamente usados hoje de *crowdsourcing* e *crowdfunding* encontram diversas ferramentas e plataformas que podem ajudá-lo a conectar cada vez mais pessoas na questão que você busca atacar.

Multiplicam-se alternativas adicionais como a Quirky, comunidade on-line na qual qualquer pessoa pode transformar boas ideias em produtos, rendendo aos idealizadores e colaboradores royalties sobre sua venda, como o Pivot Power, uma tira de força flexível criada por Jake Zien com a ajuda de 708 pessoas que contribuíram no processo.[92] Também podemos citar a Kickstarter, na qual pessoas podem investir a partir de um dólar para financiar e serem sócias de projetos inovadores, possibilitando o surgimento de novos negócios que podem deixar de cabelo em pé as indústrias já estabelecidas. Esse é o princípio por trás da Wikipédia, que levou cem milhões de horas de voluntários em todo o mundo que a desenvolveram e que impactou fortemente a indústria de enciclopédias.[93]

Também fizemos uso disso. Mobilizamos os colaboradores daquela pequena empresa em busca de alternativas ouvindo pessoas de outras empresas de áreas completamente distintas e também prestando atenção às tendências que o ecossistema apontava. Os resultados foram muito positivos.

Entre tantas características que tornam o Vale do Silício um lugar fascinante, certamente está o espírito de colaboração e disposição de envolver outras pessoas no desafio que as startups precisam vencer. Infelizmente, preocupadas com sua rígida hierarquia de funções bem definidas, muitas empresas ainda são adeptas à filosofia "cada macaco no seu galho" e estão abdicando desse valioso ecossistema de construção coletiva. Sob o Modelo Mental da Escassez, foram preparadas para competir (conceito da vida adulta) em contraposição ao espírito colaborativo (conceito da infância).

Em vez de um layout que aproxima as pessoas, optam por um desenho que as separa, e comumente tratam como sigilosas muitas questões e informações. Felizmente, até mesmo em ambientes onde se supõe o sigilo como condição inerente à atividade, como em organizações militares, a socialização de informações tem gerado melhores resultados, como reconheceu o comandante da Marinha americana Michael Abrashoff, que revolucionou o desempenho do *USS Benfold*: "O sigilo gera isolamento, não sucesso".[94]

Faça uma experiência. Que tal lançar suas equações impossíveis para o maior número possível de pessoas de dentro e fora da organização? Já pensou em envolver ex-funcionários, aposentados, colaboradores em licença, clientes, ex-clientes, entre outros? Que tal utilizar instrumentos como redes sociais para recrutar interessados no desafio? Tenho certeza de que você encontrará um exército de pessoas dispostas a atender ao seu chamado.

As perguntas também podem ser do tipo: O que estamos fazendo que já não deveríamos mais fazer? O que realmente deveríamos fazer, mas não estamos fazendo? Ou, quem sabe, instituir o Prêmio EI (equações impossíveis) na sua empresa? Liste alguns dos principais desafios que precisam ser enfrentados, converta-os em equações impossíveis e convide o mundo a ajudá-lo socializando com essas pessoas os resultados auferidos.

Pessoas com Modelo Mental da Escassez, quando não conseguem evoluir em seus desafios, fecham-se. Você fará o oposto: se abrirá e se voltará para fora buscando a colaboração de outras pessoas, ampliando a base de conhecimento. Todas as tecnologias *open source* disponíveis hoje derivam desse tipo de postura, revelando que a premissa do conhecimento proprietário (isso é meu e ninguém tasca) tende ao desaparecimento.

O VALOR TOTAL DO CAPITAL HUMANO CORRESPONDE AO TRIPLO DE TODO O CAPITAL FINANCEIRO E MANUFATURADO.

As respostas que você procura podem vir do lugar e da pessoa que você menos espera. Por isso, ampliando essa teia de relacionamentos você expande a capacidade de colher *insights* valiosos. Não caia na tentação de achar que o conhecimento dos especialistas é suficiente para dar saltos. Lembre-se do cabeleireiro que encontrou uma maneira de retirar petróleo derramado no mar; do desenvolvedor de produtos que encontrou uma fórmula para eliminar minas terrestres; da estudante que desenvolveu uma forma de enviar energia elétrica pelo ar; do grupo de crianças que transformou isopor em carbono ativado para filtros de água e ar, entre tantos outros exemplos que vimos aqui. Na mesma direção, de nada adianta concentrar seus esforços em competir com o seu concorrente direto se você não for capaz de perceber os movimentos que empresas de setores diferentes estão fazendo e que interferem diretamente no seu negócio. Acostume-se a pedir ajuda ao mundo e se surpreenderá com tantas pessoas dispostas a ajudá-lo.

Não é por acaso que um número cada vez maior de empresas está de olho em startups. A resposta pode sair de uma delas. Esses jovens inovadores adoram fazer rupturas muito acima das melhorias incrementais que provavelmente sua empresa está buscando.

Isso nos mostra que a Maldição do Conhecimento pode fazer com que as pessoas encarregadas pela inovação que a sua empresa pretende criar fiquem cegas para diversas saídas justamente pelo fato de acreditarem que conhecem tão bem o seu negócio que desconsideram a possibilidade de buscar essas alternativas em setores completamente distintos. Impérios desaparecem por causa da Maldição do Conhecimento. É por isso que vemos organizações altamente hierarquizadas e burocráticas abdicando de seus limites concorrenciais para dialogar com empresas mais biológicas, nas quais predomina a interação com outras organizações, mesmo aquelas que não têm ligação direta com seu segmento.

É PRECISO DESENVOLVER ESSA VISÃO MAIS AMPLA, ALÉM DOS MUROS DO SEU PRÓPRIO MERCADO OU AMBIENTE.

Ampliar a base do conhecimento por meio da criação de redes de colaboração é uma excelente forma de capturar saídas, ideias e ativos invisíveis que de outra forma seriam ignorados. Pense na possibilidade de criação de um novo ecossistema para sua empresa que envolva *stakeholders* diferentes do modelo padrão: clientes, concorrentes, fornecedores e pessoas que admiram a organização. Envolva esse ecossistema na busca por respostas às suas equações impossíveis e na capacidade de capturar as respostas que você busca para as transformações que você quer ver implementadas.

Há hoje ferramentas de redes sociais que podem facilmente construir esse engajamento e identificar inclusive líderes informais que atuam construtivamente em prol do objetivo comum. Isso promove uma saudável e ágil circulação de informações e de conhecimento, inclusive para proliferar os bons exemplos, resultados em casos de sucesso que ocorrem na organização.

É imenso o valor dos clientes que encontram novas aplicações para seus produtos que nem mesmo a sua equipe de desenvolvimento foi capaz de imaginar. Não à toa o escritor americano Alvin Toffler criou o termo "prossumidor" – aquele consumidor que também gera conteúdo – para ilustrar que o cliente é também um grande aliado que pode ser mobilizado para ajudar na criação e desenvolvimento de novos produtos e serviços.

E quanto aos clientes do futuro, aqueles que você ainda não tem, você acredita que eles teriam algo a contribuir com os desafios que a sua empresa quer vencer? Que tal envolvê-los nessa ampliação da base de conhecimento?

Se você ainda não mobilizou toda a sua organização para vencer os desafios de inovação, deveria fazê-lo o quanto antes. Imagine quantos ativos invisíveis já tem hoje no seu trabalho ou na sua empresa e que estão prontos para serem descobertos e usados para gerar resultados concretos.

Essa fórmula funcionou em uma pequena empresa, onde aplicamos esses conceitos, e gerou um prêmio de inovação e eficiência em outra, desta vez de grande porte, com mais de cem mil funcionários. Imagine todas essas mentes voltadas a resolver, juntas, as mesmas equações impossíveis. Quantos saltos surgirão desse processo!

Aproveite os seus encontros periódicos de planejamento estratégico ou até mesmo suas reuniões para deixar um pouco de lado a formalidade e use essas formidáveis ocasiões em que todos os colaboradores estão reunidos para construir e vencer equações impossíveis. Você já pensou no que aconteceria se o sistema de metas de desempenho fosse substituído por essas equações?

Conte com a possibilidade de que, em um primeiro momento, as coisas pareçam caóticas e sem rumo. Muitas organizações, aprisionadas pela necessidade de controle, temem lidar com um processo que não pareça ordenado e que indique claramente o que desencadeará. Certa dose de confusão é inerente ao processo de busca por um novo padrão, como afirma Anthony Robbins: "Descobri que a confusão é um dos melhores recursos para quebrar um padrão".[95]

Não precisa fugir assustado quando uma aparente desordem se mostrar, pois isso é parte do processo de mudança. Lembre-se da Teoria do Caos da Física Quântica, que identificou um fenômeno chamado de atrator estranho. "Define-se um sistema como caótico quando se torna impossível saber o que ele fará no momento seguinte. O sistema nunca se comporta da mesma maneira duas vezes. Porém, como demonstra a Teoria do Caos, se observarmos um sistema caótico ao longo do tempo, ele demonstra um estado de ordem inerente. Suas oscilações incontroláveis se mantêm no âmbito de uma fronteira invisível. O sistema contém ordem em seu próprio interior, e revela esse autorretrato como um belo padrão, seu atrator estranho". O caos tem uma ordem interna que se manifesta naturalmente, embora, no mundo dos negócios, esse termo "caos" seja demonizado.

Margaret Wheatley, em seu livro *Liderança e a nova ciência*, conclui: "É a grande energia destrutiva do caos que dissolve o passado e nos concede a dádiva de um futuro diferente; ela nos liberta dos padrões aprisionantes do passado, oferecendo-nos um mergulho arrebatado no que é novo. Somente o caos cria o abismo no qual podemos recriar a nós mesmos".

Tendo experimentado essas turbulências, o fundador da Visa, Dee Hock, cunhou desde o fim do século a expressão "organizações caórdicas". O raciocínio semeia a ideia de que as organizações mais biológicas e humanas tendem a ser um resultado da mistura de caos e ordem e que não há nada de errado nisso.

Enquanto para as empresas tradicionais "caos" é uma palavra a ser evitada, para as startups do Vale do Silício é "um procedimento operacional padrão".[96]

Como elas, você poderá perceber: se os momentos iniciais de busca por essas transformações e por ativos invisíveis parecerem tempestuosos em um primeiro momento, saiba que em seguida as respostas começam a surgir. Você não precisa acreditar em mim. Experimente: quando você mobiliza a sabedoria de outras pessoas no processo de resolução de equações impossíveis, o resultado é um desempenho extraordinário.

Essa ideia não para por aí. Você também pode envolver a natureza nesse processo de ampliação da base do conhecimento ouvindo o que ela tem a lhe dizer. Explico.

A Biomimética e o Capitalismo Natural, por exemplo, buscam na natureza respostas para equações impossíveis do tipo: "Como reduzir de noventa a noventa e cinco por cento o material e energia sem diminuir a quantidade ou piorar a qualidade dos serviços que as pessoas querem?".[97] Entre algumas das suas lições, podemos destacar:[98]

- *A natureza recompensa a cooperação e não a competição (ampliação da base de conhecimento).*

- *A natureza confia na diversidade (quanto mais gente para brincar, melhor).*
- *A natureza explora o poder dos próprios limites (equações impossíveis).*

Janine Benyus, a cientista que nos ensina a inovar copiando a natureza, participa de um website chamado Asknature.org, no sentido de reunir e disponibilizar para quem quiser toda informação biológica na internet com o objetivo de responder à pergunta: "O que podemos aprender deste organismo?". Assim, ela tem a esperança de que alguma pessoa, em qualquer lugar do mundo, possa acessar e usar esse conhecimento para desenvolver inovações e transformações nas mais diversas áreas, simplesmente perguntando-se: "E se, toda vez que eu começar a inventar alguma coisa, eu perguntar 'Como a natureza resolveria isto?'". Ela relata alguns resultados desse processo na prática:

- *As pessoas encarregadas do desenvolvimento do trem-bala encontraram uma maneira de acabar com a explosão sonora que a máquina produzia ao sair de um túnel: a sua forma frontal arredondada, como a de uma bala (e que deu origem ao nome), criava uma onda pressurizada e, daí, o barulho. Observando a aerodinâmica de alguns pássaros que mergulham em lagoas para pescar, sem sequer espalhar água, foi possível desenvolver um novo formato para o trem-bala, um "bico" mais prologado, justamente como os dessas aves, que acabou com as explosões sonoras. Mas não foi só isso: a medida também provocou o aumento da velocidade do transporte em dez por cento e reduziu em quinze por cento a eletricidade consumida.*

- *Observando que a pele dos tubarões tem uma ótima capacidade de repelir bactérias, uma empresa chamada Sharklet Technologies desenvolveu um revestimento para ser usado em hospitais, em que as bactérias não conseguem se fixar, reduzindo a possibilidade de infecções hospitalares que matam milhões de pessoas todos os anos.*

- *Imitando um pequeno inseto do deserto da Namíbia que tem a capacidade de extrair água do nevoeiro, empresas de arquitetura como a Grimshaw estão revestindo construções que, assim como o inseto, recolhem água do nevoeiro para seu consumo com uma capacidade dez vezes superior às atuais tecnologias. Seguindo o mesmo princípio na América do Sul, em Lima, no Peru, uma região de alta umidade e de quase nenhuma chuva (precipitação de apenas 2,5 cm por ano), estudantes de engenharia desenvolveram um outdoor gigante que capta essa umidade do ar e a converte em água potável, gerando noventa litros de água potável por dia.[99] Também inspirado nesse mesmo pequeno inseto, o arquiteto italiano Arturo Vittori criou um coletor portátil de água da atmosfera, chamado de Warka Water.[100]*

• *Uma empresa chamada OneSun está copiando o formato das folhas das árvores para desenvolver uma placa para extração de energia solar extremamente econômica.*

• *Outra empresa, a Aquaporin, está imitando a capacidade das células vermelhas do nosso corpo para fazer membranas de dessalinização da água.*

• *Imitando a estrutura de árvores e ossos, empresas estão criando pontes mais leves e resistentes, conceito que também está sendo usado pela GM Opel na construção de estruturas metálicas de carros.[101]*

ATIVOS INVISÍVEIS – BASE AMPLIADA

Um navio de guerra da marinha americana armado até os dentes com mísseis teleguiados, 8.600 toneladas de blindagem e uma tripulação "mal-humorada"[102] de 310 homens e mulheres que progrediam abaixo da média da marinha e com uma "péssima" taxa de retenção. Isso foi o que o Capitão de mar e guerra, Michael Abrashoff, recebeu quando passou a comandar o *USS Benfold*. Problemas disciplinares, muitos casos de assédio sexual e elevada taxa de rotatividade também eram questões recorrentes.

Ele traçou um objetivo ousado: *Como, no período de dois anos em que estaria à frente da embarcação, transformá-la no melhor, mais preparado e confiável navio, com os melhores índices de prontidão (com premiação), uma taxa de retenção de tripulantes de 100%, reduzida taxa de baixas por acidentes, operando abaixo do orçamento, com um ambiente divertido, reduzidos episódios disciplinares e sem casos de assédio sexual?*

Mesmo estando entre os regimes mais fechados, o militar, com suas sólidas cadeias de comando e controle, uma organização de forte hierarquia e baixa autonomia, a fórmula "mágica" com a qual conseguiu fazer isso não custou um centavo sequer: simplesmente ampliou a base de conhecimento.

Ele decidiu fazer isso ao questionar, em sessões individuais, a cada um dos seus 310 tripulantes: "Você conhece uma maneira melhor de fazer o que já vem sendo feito?". E, com as respostas dadas, foi implementando as mudanças, a maioria delas bastante simples. Como, por exemplo, a substituição dos parafusos, porcas e arruelas de ferro, que enferrujavam rapidamente e que provocavam a necessidade de pintar o navio seis vezes por ano, por outros fabricados em aço inoxidável, que não enferrujam facilmente e que reduziram a necessidade de pintura para apenas uma por ano.

Como reconheceu, mudanças como essas, que não dependem de dinheiro, reforçam a ideia de que ativos invisíveis são gratuitos ou custam muito pouco em relação aos benefícios que trazem. "Nada disso que fizemos exigiu muito dinheiro", disse ele, "apenas imaginação e boa vontade". Com base nas respostas recebidas dos tripulantes, outras iniciativas parecidas se multiplicaram.

A fórmula foi suficiente para levar o *USS Benfold* ao patamar de melhor navio da Marinha americana, no curto espaço de tempo de dois anos. Michael Abrashoff usou um dos ativos invisíveis mais valiosos, e também um dos mais ignorados: o conhecimento das pessoas do seu time. É muito comum ouvir executivos dizendo que o ativo mais importante de suas empresas são as pessoas. No entanto, essas mesmas pessoas raramente são consultadas quanto a decisões importantes que as empresas precisam tomar.

Infelizmente, em muitas organizações, rapidamente se percebe que o discurso é vazio. Assim como acontecem com os ativos invisíveis, o que normalmente ocorre nas organizações é uma tremenda redução da base de conhecimento. Em outras palavras, todo o potencial que pode ser obtido do conhecimento dessas pessoas é ignorado, por acreditar que os executivos sabem o que é preciso para conduzir as organizações com eficiência e eficácia. No fim das contas, as transformações que as empresas precisam fazer ficam a cargo de um punhado de pessoas da alta administração, de consultores e especialistas, que muitas vezes não estão verdadeiramente comprometidos com alta performance, e quando as coisas não dão certo, ainda se perguntam qual teria sido a causa do naufrágio. Não cogitam a hipótese de ter ignorado a contribuição que as pessoas poderiam oferecer para atingir novos patamares de desempenho. Não cogitaram pedir ajuda para encontrar as baleias bem abaixo dos seus pés.

Membros da alta gerência que se parecem uns com os outros foi um dos fatores apontados pelo professor Donald N. Sull que contribuem para que empresas que tiveram um período de reconhecido sucesso enfrentem amargas derrotas. "Um automóvel preso no lamaçal"[103] é a expressão que ele usa para descrever essas empresas. Foram vítimas da redução da base de conhecimento, da falta de diversidade de pensamentos e do próprio sucesso no passado.

Casos como esse levaram o psicólogo organizacional e professor da University College London e da Columbia University, Tomas Chamorro-Premuzic, a escrever o livro *Why Do So Many Incompetent Men Become Leaders?* (Por que homens incompetentes se tornam líderes?, em tradução livre), sugerindo que a autoconfiança, o carisma e os impecáveis

"Arrisque-se a ouvir pessoas diferentes sobre o desafio que você tem a vencer. Mesmo aquelas que aparentemente não teriam as respostas que você procura."

diplomas, tão valorizados por *headhunters* em sua busca por executivos organizacionais, "têm baixíssima ou nenhuma correlação com competência e performance".[104]

Há, ainda, organizações que desejam inovação, mas encarregam apenas um departamento ou grupo de pessoas em vez de fazer emergir um ambiente inovador em todos os poros da empresa. Sem descentralizar a inovação, dificilmente os resultados serão potencializados e acelerados.

Vimos aqui inúmeros exemplos de pessoas comuns e seus resultados impressionantes. Você deve ter notado que, no fim das contas, diplomas não valem muita coisa e tampouco foram fator determinante para essas conquistas. Não importam os títulos que você carrega no currículo, e sim o problema que você ajuda a resolver.

Não são poucos os exemplos mencionados neste livro de pessoas com nenhuma ou pouca experiência em suas áreas que atingiram resultados acima de tudo o que se podia imaginar. Sob o Modelo Mental da Escassez, provavelmente os resultados apresentados aqui não teriam sido possíveis.

"Todo lugar que hoje é pequeno, um dia não foi", diz uma expressão judaica. O caminho é estreito ou o estamos estreitando? Não vemos saídas para os nossos desafios ou estamos sendo vítimas da Maldição do Conhecimento? Muitas grandes empresas com negócios consolidados estão agora assustadas com o fantasma da "kodakização" de suas companhias diante da avalanche de startups que trazem inovações radicais. A diferença entre ambas: postura, mais aberta ou mais fechada. Quem sabe a ameaça não as conduza para descobrirem as baleias que têm dentro de casa, se souberem ampliar a base de conhecimento atual envolvendo cada vez mais o seu time na tomada de decisões para resolverem juntos algumas equações impossíveis.

A Amana-Key, por exemplo, criou uma dinâmica bastante interessante, simples e que em noventa minutos poderá ajudá-lo a mapear em sua organização os ativos invisíveis de que ela já dispõe. Para essa dinâmica, ela desenvolveu e disponibilizou uma espécie de baralho, contendo 64 ativos invisíveis diferentes. Obviamente essa lista não se esgota em si, pois há inúmeros outros ativos que não estão no baralho. Por isso, prefiro que seja feito um trabalho prévio para que as pessoas da organização criem seu próprio baralho, a partir de suas peculiaridades e características. Nessa hipótese, a etapa número I seria justamente criar esse baralho de ativos.

Ela funciona, resumidamente, da seguinte maneira:

1. *Grupos de seis pessoas criados com a tarefa de "identificar fatores que já existem na organização e que não são devidamente valorizados, mas que podem contribuir para a evolução da área ou da organização como um todo" (dedique a isso quinze minutos);*

2. *Apresente um a um os ativos invisíveis constantes do baralho e peça para que os componentes anotem quais entendem que podem representar uma oportunidade para contribuir com os resultados da organização (dedicar trinta minutos a essa etapa);*

3. *Peça a cada componente da equipe escolher, individualmente, e registrar em uma folha de papel os dez ativos de sua preferência (dedicar dez minutos a essa etapa);*

4. *Um componente deverá consolidar as escolhas do grupo em uma única lista por consenso do grupo contendo dez ativos (dedicar quinze minutos a essa etapa);*

5. *Convide o grupo a dialogar sobre esses dez itens levando em conta os seguintes aspectos (vinte minutos):*

   "a) Que tipo de efeitos esses itens têm sobre os resultados tangíveis? Como eles afetam no dia a dia? E nosso desempenho?

   b) Quais itens estão interconectados? É possível criar blocos entre os dez itens?

   c) Como está a convergência de pontos de vista no grupo? Quão difícil ou fácil foi chegar aos dez itens? O que esse grau de facilidade ou dificuldade sugere sobre a percepção das pessoas quanto à realidade da área ou organização?

   d) Que ações práticas ou projetos de mudanças em sistemas, estrutura, procedimentos, práticas de gestão etc. deveriam ser criadas para potencializar os blocos ou itens individuais? Há algum voluntário para encabeçar alguns desses projetos, desenvolvê-los e implementá-los?[105]

6. *Encerre obtendo comentários do grupo sobre o que acharam do exercício e os insights que tiveram.*

7. *Agradeça a participação.*

Essa dinâmica é muito útil para explorar ativos, embora esteja desconectada de um objetivo prévio (equação impossível) que norteará a seleção dos ativos invisíveis que poderão ser usados.

FAÇA AGORA UM EXERCÍCIO.

Escreva aqui quais são os ativos invisíveis que você já tem. Concentre-se em coisas em que você normalmente não está prestando atenção ou que normalmente nem percebe. Pergunte-se: quais desses ativos podem ser valiosos para resolver a minha equação impossível? De que maneira posso ampliar a base de conhecimento para que cada vez mais pessoas possam me ajudar nesse processo?

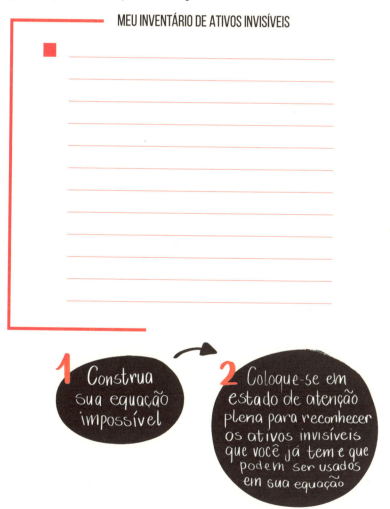

ETAPA 3.
APRESENTE A IDEIA *ROCK AND ROLL*

Eu tenho um pedido a fazer a você. Você poderia tirar algumas fotos da sua casa? Eu preciso que você fotografe também os ambientes mais íntimos, aqueles que ficam fechados quando alguma visita chega, como quartos e banheiros. Peço agora que você publique essas fotos na internet e convide pessoas completamente estranhas para dormir na sua casa. O que você achou da ideia? Absurda? Mas não é justamente isso que Joe Gebbia e seus amigos apresentaram a investidores quando fundaram o Airbnb, avaliado em bilhões de dólares?

Atualmente, mais de 800 mil pessoas dormem na casa de estranhos ou recebem estranhos diariamente, comprovando que, no fim das contas, se as pessoas estão dispostas a compartilhar aquilo que elas têm de mais pessoal e sagrado, suas próprias casas, podem compartilhar qualquer coisa. Justamente como fazíamos durante a infância: compartilhávamos nossos brinquedos e adorávamos brincar com outras crianças, mesmo desconhecidas.

Que tal fazer o mesmo com seu carro? Alugá-lo para um completo desconhecido? Essa é a ideia por trás de empresas como a Turo, uma espécie de Airbnb de carros, na qual qualquer pessoa pode disponibilizar seu próprio carro para aluguel por um valor cerca de 35% menor do que os praticados por locadoras de veículos. O mesmo se aplica ao mercado de transporte de cargas. Soluções como a TruckPad, que permite ao caminhoneiro receber cargas diretamente pelo celular, sem atravessadores, reduzindo os custos e o tempo de processamento das cargas.

Se você pode compartilhar seu carro ou seu caminhão, que tal também compartilhar seu talento? Hoje há diversas redes de compartilhamento de talentos como a Skillshare e TourBoarding. Troca de favores? Fiverr, Trade A Favor e Hey, Neighbor! são plataformas já disponíveis.

Essa ideia – de colaboração e compartilhamento – vem atraindo cada vez mais adeptos ao redor do mundo, revelando importantes mudanças em modelos de negócios que funcionaram da mesma maneira por décadas.

Analistas começaram a perceber uma tendência importante em direção a um novo tipo de consumo em que o "ter" assume dimensões cada vez menores, um movimento denominado de *Lowsumerism* (menos consumo e mais alternativas de otimizar o que já se tem). As pessoas querem a solução (invisível) e não precisam mais possuir o produto (visível) que essa solução proporciona. Por exemplo, é crescente a tendência de pessoas que não estão dispostas a ter sequer as próprias roupas, e sim alugá-las. Uma pesquisa feita em Londres revelou que os consumidores estão dispostos a pagar até duzentas libras por mês para desfrutar de roupas alugadas de seus varejistas prediletos, que são renovadas de tempos em tempos, em vez de tê-las somente para si, acumulando-as e repetindo-as todos os dias. É justamente o que uma empresa chamada Rent the Runway está fazendo. Ao preço de 159 dólares por mês, oferece assinatura de roupas. Com um faturamento que já passa dos cem milhões de dólares, esse movimento poderá levar grandes redes como "Zara e H&M à falência".[106]

Ray C. Anderson, fundador da Interface, uma empresa de carpetes ecologicamente corretos, descobriu o mesmo: em vez de vendê-los como qualquer empresa de carpetes faz, ele notou que as pessoas estavam dispostas a alugá-los e, assim, conseguiu resultados excepcionais.

Outro movimento do consumo compartilhado ensina que você não precisa ser dono de uma mansão para viver em uma. Muitas pessoas estão notando que não faz sentido ter o carro de luxo dos seus sonhos para usá-lo por tão pouco tempo, ou que você não precisa comprar uma fazenda para ser um fazendeiro. Mais importante do que possuir todas essas coisas é *ter acesso* a essas coisas para desfrutá-las apenas durante o tempo que você quiser.

Hoje você já pode ter tudo isso sem ter nada disso, entende? Você não precisa gastar rios de dinheiro adquirindo objetos de moda e acessórios se tiver a oportunidade de usá-los apenas durante aquele evento importante. Pensando assim, quem precisa ter essas coisas todos os dias? Quem quer pagar 100% do tempo por um carro que fica ocioso de 22 a 23 horas por dia? Não é melhor pagar somente pelos momentos em que você o usa?

Hoje é possível, mediante uma assinatura mensal, alugar praticamente qualquer coisa, de brinquedos a máquinas de costura, de livros a iates, de energia solar a bens de capital e bens industriais.

Se o seu desafio é aumentar a produção de alimentos em sua região sem dispor de terra para esse cultivo, já pensou em usar o telhado dos prédios para isso? Já existem alternativas para alugar esses espaços para o plantio de hortas.

Também já há mercados de trocas de praticamente tudo, desde livros (inclusive e-books), a brinquedos, roupas, mídia. E, se você busca por um estilo de vida mais colaborativo, é possível dividir também coisas como tempo, caronas, táxis, viagens, estacionamentos, refeições, espaços ociosos, habilidades, dinheiro e até jardins. Se você se interessa por essas e outras novas possibilidades, recomendo o livro sensacional de Rachel Botsman e Roo Rogers, *O que é meu é seu: como o consumo colaborativo vai mudar o nosso mundo* (Ed. Bookman).

Mercados antes inimagináveis hoje tornam-se plenamente viáveis a partir das alternativas tecnológicas de que já dispomos. Que tal ter as obras de arte de sua casa mudando a cada período de tempo? Basta realizar uma assinatura de obras de arte. Plataformas voltadas a trocas de produtos e trocas de habilidades (se você precisa de um pintor e está disposto a oferecer aulas de reforço de matemática em troca, não pagará nada pela pintura da sua casa, por exemplo) ajudam a reduzir ainda mais o custo pelo acesso a produtos e serviços e o desejo das pessoas em tê-los somente para si.

Se para se livrar de alguns itens indesejados como sobras de material de construção você precisaria pagar alguém para retirá-los e levá-los até o depósito de entulhos mais próximo, que tal ofertar isso para quem tem interesse e disposição para retirá-los, eliminando esse custo e o trabalho que você teria? Se você tem uma casa de praia e quer passar férias em um chalé nas montanhas sem ter que gastar com hospedagem, que tal acessar alguma das plataformas já existentes voltadas justamente para essa troca de hospedagens? Ou, simplesmente, você já verificou se o aluguel da sua casa no período em que você estiver fora não seria suficiente para bancar boa parte da viagem que você quer fazer? Escambos, empréstimos pessoais, trabalhos colaborativos... As possibilidades são surpreendentes para aqueles que estão abertos a essa nova e irreversível onda.

> *Todas essas ideias rock and roll, que um dia foram consideradas aparentemente excêntricas, não seriam possíveis se as pessoas que as idealizaram não tivessem desativado o modelo mental "autoboicotador" que carregamos dentro de nós, o mesmo que classifica tudo como viável ou inviável ou "o que é meu não é seu".*

Já falamos sobre isso e repito: o medo de ter ideias radicais deve ficar no passado, porque resultados impressionantes são obtidos por meio de ideias que serão consideradas absurdas, e também porque o mercado hoje busca e valoriza alternativas fora da curva, além de ser muito mais tolerante aos fracassos inerentes a qualquer processo de inovação.

Não há dúvida de que os limites que nos foram impostos durante a infância foram fundamentais para a nossa formação, mas é preciso cuidado para não repetirmos para nós mesmos os tantos "nãos" que recebemos no passado. Observe se você não está construindo um *mindset* apoiado nesses "nãos". "Não dá para ganhar dinheiro fazendo tal coisa"; "A dinâmica da vida é estudar, trabalhar e se aposentar e não há nada diferente disso"; "Não dá para ser empresário no Brasil"; "Não dá para obter estabilidade e segurança sem passar em um concurso público"; "Não posso sair vendendo doces por aí, afinal, eu tenho um diploma importante".

Como já sabemos, as saídas para equações impossíveis passam pelo desenvolvimento de alternativas não convencionais, em outras palavras, ideias *rock and roll* que certamente serão consideradas malucas por várias pessoas. Sabemos agora que é justamente isso que muitas outras pessoas estão buscando. Os consumidores estão ávidos por ideias malucas e estão entediados com as abordagens tradicionais, principalmente aquelas repetidas pelas grandes corporações e marcas consolidadas.

Caito Maia descobriu isso quando transformou, ainda no ano 2000, as óticas, que mais pareciam uma mistura entre a aparência de um hospital (lojas com ambientes assépticos e vendedores usando jalecos parecidos com os de médicos) e de joalherias (cadeados e vitrines), em quiosques nos corredores dos shoppings nos quais as pessoas podem livremente pegar e experimentar os óculos da maneira como bem entenderem, com um vendedor descolado, um aparelho que mostra quais são as melhores peças para as configurações do seu rosto, novas coleções e novidades para todos os públicos. É assim que a Chilli Beans vende óculos como água, assim como o camelô hippie que deu origem a tudo isso.[107]

Como dissemos no início, este livro não se destina a pessoas que querem obter apenas avanços lineares, mas principalmente àquelas que buscam resultados exponenciais, que desejam criar grandes transformações. Evoluções radicais e saltos de desempenho para serem obtidos exigem ações ousadas, não convencionais. Vamos focar um pouco mais em exemplos estimulantes de ideias *rock and roll* tidas por alguns agentes de transformação.

O cirurgião e pesquisador norte-americano Judah Folkman pensou no problema do câncer de forma completamente diferente. Em vez de matar o tumor com tratamentos altamente tóxicos, como era o procedimento convencional, ele optou por tentar bloquear a nutrição das células cancerígenas, que ocorre por meio dos vasos sanguíneos. A hipótese dele era de que assim impediria o desenvolvimento dessas células e derivou uma abordagem muito menos intervencionista por parte de diversos oncologistas.

Durante quarenta anos, suas pesquisas indicaram que era mais viável matar o tumor "de fome" do que simplesmente extraí-lo e que, sem o suprimento sanguíneo, seu tamanho não seria superior ao da cabeça de um alfinete, portanto, sem riscos para os pacientes. O resultado de suas pesquisas deu origem a um medicamento chamado endostatina, que tem por objetivo controlar o câncer em vez de curá-lo. O medicamento busca inibir a angiogênese (crescimento de vasos sanguíneos que alimentam o tumor). Seus efeitos colaterais são semelhantes aos de uma aspirina.

O Dr. Folkman foi considerado, mundialmente, um dos mais renomados estudiosos da doença e suas conclusões poderão ser determinantes no desenvolvimento de novos tratamentos visando a cura do câncer. No entanto, até provar a viabilidade de suas teorias, foi bastante ridicularizado no meio científico. Suas pesquisas sobre o suprimento de sangue nos tumores cancerígenos renderam conclusões tidas como patéticas pelos demais estudiosos do assunto. Durante suas conferências, alguns de seus colegas, por não aceitarem suas ideias, retiravam-se da sala. Judah teve, inclusive, dificuldade de publicar suas experiências em revistas científicas, por não atender ao pensamento convencional do grupo de médicos pesquisadores.[108]

Na SAS, empresa norte-americana de softwares estatísticos, a fórmula para reduzir a rotatividade de funcionários é bem conhecida: oferecer uma série de benefícios aos funcionários sem, contudo, que isso signifique custos superiores aos prejuízos que a empresa teria com uma rotatividade elevada. Assim, surgiram: a jornada de trabalho de sete horas por dia, creche para os filhos dos empregados na própria empresa, academias, aulas de ginástica, golfe, tênis e dança africana, massagens várias vezes por semana, campos de futebol e *softball*, obras de arte espalhadas por todo lugar, médicos e atendimento médico gratuito, e até cuidavam da roupa suja do pessoal, revelando que uma gestão focada no ser humano é capaz de atrair e reter os melhores talentos, e não apenas isso: é capaz de gerar lucro.[109]

"IDEIAS NÃO CONVENCIONAIS SÃO O CAMINHO PARA RESOLVER EQUAÇÕES IMPOSSÍVEIS. EQUAÇÕES IMPOSSÍVEIS PRECISAM DE ATIVOS INVISÍVEIS PARA SEREM RESOLVIDAS."

Drones para entregar sangue é coisa do futuro ou de países ricos? A Zipline, em Ruanda, já faz uso dessa tecnologia para entregar sangue em qualquer lugar do país em menos de uma hora.[110]

Esses e outros exemplos confirmam a máxima de Albert Einstein: "Nenhum problema pode ser resolvido a partir da mesma consciência que o criou".[111] Chegou a hora de encararmos nossos desafios sob uma ótica diferente.

VAMOS COLOCAR A MÃO NA MASSA?

Você já listou uma série de ativos invisíveis que podem ser valiosos na resolução de sua equação impossível. Chegou o momento de descrever *como* isso será feito, e isso acontece por meio de ideias *rock and roll*.

MINHA IDEIA *ROCK AND ROLL* É:

ETAPA 4.
CORPO ESTRANHO

É meu dever adverti-lo quanto a um aspecto importante durante o seu processo de construção das transformações que você quer para si e para o mundo: no instante em que você apresentar a sua ideia radical, conte com a elevada possibilidade de que será tratado como um corpo estranho, ou enfrentará outros tipos de problemas. Isso acontece a qualquer agente de transformação e, sendo um, você conquistará *haters*.*

TODAS AS PESSOAS CITADAS NESTE LIVRO, EM ALGUM MOMENTO, TIVERAM SUAS IDEIAS ATACADAS E SOFRERAM BULLYING. TENHA EM MENTE QUE COM VOCÊ PODERÁ ACONTECER O MESMO.

Os médicos australianos Barry Marshall e Robin Warren, em seu processo de busca para a cura da úlcera, descobriram que tudo o que se sabia sobre as causas da doença estava errado. Mas eles eram desconhecidos que surgiram com uma ideia maluca: a úlcera era provocada por uma determinada bactéria e a cura, antes improvável, poderia ser obtida apenas mediante o uso de antibióticos. A ideia foi completamente ignorada e criticada pela comunidade científica, mas foi com ela que eles ganharam o Prêmio Nobel de Medicina.

A saída que Meredith encontrou para sua equação passava pela possibilidade de usar ultrassom para transmitir energia elétrica pelo ar, tendo sido criticada por isso. Após ter demonstrado que era possível, sua empresa atraiu milhões de dólares de investidores. Ela percebeu que, se transdutores sonoros usados em alto-falantes convertem energia elétrica em energia acústica, que viaja pelo ar, com esses mesmos transdutores ultrassônicos, indetectáveis pelo ouvido humano, seria possível transmitir pelo ar a mesma energia sem convertê-la em som.[112]

O canadense Geoffrey Ballard queria substituir os combustíveis fósseis por hidrogênio e, com isso, em vez de os motores emitirem monóxido de carbono, eliminariam água. Uma ideia maluca, mas que há anos está presente em motores por todo o mundo.

---

[*]   Termo extraído da internet para classificar pessoas que postam comentários de ódio ou críticas sem muito critério.

Quando Hastings apresentou aos investidores sua ideia sobre a Netflix, vários deles disseram que não daria certo, pois desconfiaram "se clientes acostumados a vasculhar as estantes da loja e a voltar para casa com caixas físicas mudariam seus comportamentos".[113]

Einstein não estava disposto a lidar com a reação que teria. Assim como um meteoro pode ser destruído se bater de frente com a órbita terrestre, acreditou que o mesmo aconteceria se apresentasse suas ideias mais inovadoras ao mundo acadêmico, que ainda não estava preparado para ouvir *rock and roll*. Ele preferiu utilizar a estratégia do astronauta: escolheu um ângulo de penetração mais suave para voltar do espaço e apresentou uma proposta que, mesmo não sendo a mais inovadora, ainda representava uma revolução para a época.

O psicólogo Carl Jung também enfrentou momentos difíceis depois que se desentendeu com seu grande influenciador, conforme ele próprio reconheceu: "Depois que rompi com Freud – em função da divergência de ideias entre ambos –, todos os meus amigos e conhecidos sumiram. Meu livro foi considerado um lixo (...)". No entanto, ele decidiu prosseguir com a suas ideias e o final da história nós sabemos.

A norte-americana Karen Tse também foi censurada quando decidiu fundar uma organização internacional chamada International Bridges to Justice com o objetivo de combater a tortura e oferecer a cada mulher, homem e criança presos em países do terceiro mundo o direito de ter um advogado. "Quando eu comecei o meu trabalho, as pessoas realmente pensavam que eu estava louca. Tantas pessoas me disseram que isso nunca daria certo. 'Por que você não arruma um emprego?' E bons amigos me levavam para jantar e diziam: 'Eu detesto ver você jogando todo o seu talento fora com esse sonho ridículo. Eu posso arrumar um emprego para você'. Todos tentavam me ajudar, porque eles achavam isso tão estranho, achavam que eu tinha perdido o meu rumo", disse em entrevista a um documentário.[114]

Quando o empreendedor de Bangladesh Iqbal Quadir anunciou a investidores seus planos de oferecer celulares a preços muito baixos para uma população cuja renda média era igualmente baixa, ele foi atacado. "Quando propus originalmente a ideia disseram que eu estava maluco. Fui expulso dos escritórios. Certa vez, em Nova York, eu estava vendendo a ideia a uma empresa de telefonia celular, e eles disseram: 'Não somos a Cruz Vermelha; não queremos ir para Bangladesh'."[115]

Quando o físico israelense Dan Shechtman começou a relatar aos colegas as suas descobertas no campo da cristalografia (ciência dos cristais), elas soaram como *heavy metal* para o líder do seu grupo, que decidiu expulsá-lo dizendo: "Você é uma desgraça para o grupo. Não quero estar associado a você". Ainda bem que Dan prosseguiu sua jornada até encontrar pessoas com o pensamento *rock and roll* como o dele. Se tivesse se abatido pela censura, provavelmente não teria ganhado o Prêmio Nobel de Química em 2011.

No campo editorial, episódios como esse acontecem o tempo todo. Jeff Cox, um escritor convidado por Eliyahu Goldratt para escrever o livro *A meta*, no início "odiou tanto o livro que se recusou a ficar com uma parte dos direitos autorais...". Ainda bem que ele mudou de ideia, pois o livro fez um grande sucesso, vendeu milhões de exemplares e foi traduzido para mais de vinte idiomas.

Infelizmente, muitos fogem assustados por não conseguirem lidar com situações de crítica e reprovação e abdicam da possibilidade de se tornarem agentes de transformação. Saiba que essa etapa não será fácil. Nela, muitos desistem, rendem-se ao medo da desaprovação e com isso deixam de mudar o mundo. Mas quem tem o Modelo Mental de Oportunidade sabe que essa é uma etapa natural do processo de mudança e é por isso que você seguirá em frente.

SE VOCÊ NÃO ESTÁ SENDO CRITICADO, SE NINGUÉM ESTÁ O ATACANDO, PROVAVELMENTE VOCÊ NÃO ESTÁ CRIANDO NENHUMA TRANSFORMAÇÃO MUITO RELEVANTE OU INÉDITA. POR OUTRO LADO, SE VOCÊ ENCONTROU *HATERS* E ALGUNS CRÍTICOS FEROZES, PARABÉNS! É SINAL DE QUE VOCÊ PODE ESTAR A CAMINHO DE UMA GRANDE TRANSFORMAÇÃO.

Por isso, eu quero que suas ideias sofram bullying! Eu desejo que você vibre quando obtiver o seu primeiro *hater*! É um excelente indicativo de que você está em direção a significativas mudanças.

Como posso saber se a minha alternativa não é convencional? Usando da rebeldia estratégica. Faça o mesmo que as filhas e filhos adolescentes costumam fazer quando se preparam para sair para uma balada especial. Eles colocam uma roupa e pedem a opinião dos pais, certo? Se os pais dizem: "Nossa, filha, você está linda", o que normalmente acontece? A filha volta para o quarto e coloca outra roupa, dessa vez um jeans rasgado, uma cor chamativa, uma maquiagem extravagante. De volta aos pais ouve: "Nossa, filha, prefiro o visual anterior". Pronto, esse é o sinal de que ela precisava para confirmar que agora está com a roupa certa para ir à festa. O que quero dizer com isso é que se a sua alternativa não incomodar os conservadores, ela não é inovadora o suficiente.

Seguindo essa mesma dinâmica, você vai procurar algumas dessas pessoas mais "centradas" – você sabe muito bem quem são – e vai lhes apresentar a sua ideia *rock and roll*. Se elas gostarem, volte para o computador e comece tudo novamente. Se, ao contrário, elas condenarem o seu projeto, você terá a confirmação de que precisa.

Lembre-se de que, quando você perseguir sua equação impossível, estará entrando em um terreno novo e desconhecido para as outras pessoas também. Um lugar onde surgem ideias originais e inovações radicais. Ser tratado como um corpo estranho é inerente a esse processo, então não precisa se colocar em posição fetal e ficar chorando. Essa é uma etapa importante no processo de transformação. No fim das contas, os críticos e *haters* são apenas pessoas que gostam de música clássica lidando com alguém que traz uma ideia *rock and roll*.

CONFIE NA SUA INTUIÇÃO, ACREDITE NAS SUAS IDEIAS E SIGA EM FRENTE.

Infelizmente, vejo muitas pessoas que, por não conhecerem essa etapa natural, nela estacionam e desistem. Não conseguem lidar com as desaprovações recebidas dos seguidores do Modelo Mental da Escassez. Mais difícil ainda é lidar com essas críticas quando elas vêm das pessoas que mais amamos. Quando o brasileiro Alexandre Tadeu da Costa, ainda na adolescência, estabeleceu o objetivo de criar a maior rede de chocolates finos do mundo antes dos quarenta anos, precisou iniciar seu sonho em segredo. Sua mãe não queria sequer ouvir falar em chocolates, pois ela própria já havia tentado, mas deu com a cara na parede e, por amor, queria poupar o filho do mesmo destino. Ele precisou pagar uma fatura emocional de insubordinação contra o comando da própria mãe, caso contrário, não teria atingido o seu objetivo de construir, aos quarenta anos de idade, a maior rede de chocolates finos do mundo, a Cacau Show.

Outros casos em que os pais, por amor aos filhos, desaprovam suas escolhas, somam-se aos montes.

- *Pensando em um bom futuro para o filho, os pais de Einstein desejavam que ele se tornasse um engenheiro ao invés de físico.[116]*

- *O pai de Joseph Campbell, uma das maiores autoridades mundiais no campo da Mitologia, queria que o jovem se dedicasse ao Direito. "Não, é melhor você estudar Direito. Porque poderá ganhar dinheiro como advogado",[117] disse ao filho.*

- *Os pais de Bob Dylan queriam que o filho estudasse "algo útil"[118] em vez de ficar anos escrevendo, desenhando, pintando e fazendo poesias como ele fez. "Não continue escrevendo poesia", disse sua mãe, "por favor, não faça isso. Vá para a escola e faça algo construtivo. Consiga um diploma". Ele não tem diploma e é considerado um dos maiores artistas norte-americanos de todos os tempos – ganhou inclusive o Nobel de Literatura.*

Conte também com o fato de que coisas inesperadas acontecerão, pois é algo que não acontece em linha reta. Fracassos, ideias tolas e "nãos" são parte desse processo.

Por isso, jamais deixe que a ideia de fracasso seja o que determina o seu destino, pois ele está presente na trajetória de todos aqueles que mudam o mundo. Joe Gebbia, sobre os primeiros anos do Airbnb, comprova: "Sentamos e esperamos o negócio deslanchar. Não foi assim. Ninguém em sã consciência investiria num serviço que permite que estranhos durmam na casa das pessoas. Porque, quando crianças, nos ensinaram a associar estranhos a perigo", ele disse. "Não acertamos de primeira".[119]

O oceanógrafo francês mundialmente conhecido Jacques Cousteau investiu e trabalhou arduamente com sua equipe durante cinco anos até a conclusão da construção de um submersível que permitiria viagens submarinas inéditas, com registros cinematográficos igualmente desconhecidos pela humanidade até então. Obviamente foram pensados milhares de detalhes sobre o funcionamento da máquina e todos os seus mecanismos, inclusive de segurança. Depois que tudo ficou pronto, enfim chegou o momento de testar o equipamento no mar: ergueram o submersível por um cabo de aço que se rompeu durante o processo fazendo o veículo cair e afundar em alto-mar. Tantos especialistas, tantos estudos, tanto tempo e dinheiro despendido e não pensaram na possibilidade óbvia de testar o equipamento em águas rasas, permitindo facilmente a sua recuperação se isso acontecesse.

Steve Jobs não ficou conhecido somente pelos seus sucessos comerciais. Ele também foi responsável por "uma série de produtos espetaculares que resultaram em incríveis fracassos comerciais". Segundo seu biógrafo, Walter Isaacson, "o que o preparou para o grande sucesso alcançado no terceiro ato não foi a demissão na Apple no primeiro ato, mas os brilhantes fiascos no segundo".

Albert Einstein foi reprovado no teste de admissão para a Politécnica de Zurique. Depois conseguiu a aprovação, mas formou-se em penúltimo lugar de sua classe. Foi o único de sua seção da Politécnica a não receber nenhuma oferta de emprego. Ele precisou esperar por quatro anos até conseguir uma indicação para se tornar professor assistente. Mesmo assim foi recusado. Tempos depois, disputou com 21 candidatos uma vaga em uma escola técnica e sequer chegou a ser finalista.

A escritora Elizabeth Gilbert, a mesma que escreveu o best-seller *Comer, rezar, amar*, de oito milhões de livros vendidos (e que virou filme), saboreou fracassos sucessivos durante seis anos, como ela mesma reconheceu: "Eu só tinha cartas de rejeição à minha espera na caixa de correio. E era sempre devastador, e eu sempre tinha que me perguntar se deveria parar de ir atrás desse objetivo, desistir e me poupar dessa dor".[120]

O QUE PESSOAS COMUNS QUE ATINGEM RESULTADOS INCRÍVEIS FAZEM DIANTE DO FRACASSO?

COMO DIZ A LETRA DE UMA ANTIGA MÚSICA DO COMPOSITOR PAULO VANZOLINI, SIMPLESMENTE "LEVANTARAM E SACUDIRAM A POEIRA" E SEGUIRAM EM FRENTE COM SEUS OBJETIVOS.

Um dos mais renomados autores no campo da criatividade, Robert Sutton, chegou a insinuar que gênios como Mozart, Shakespeare, Picasso e Einstein não tiveram sucesso em uma taxa mais elevada que os outros. Eles simplesmente fizeram mais. Por isso "tiveram mais sucessos e mais fracassos". É um fenômeno que ele chama de "variância", que confirma o fracasso como parte do processo. Aumentando a quantidade de produção, amplia-se o número de fracassos, mas também o número de sucessos.

Fracassos não são fatais. Investidores em startups conhecem muito bem essa dinâmica: de cada dez startups financiadas, cerca de duas costumam ser bem-sucedidas. Ocorre que o resultado que geram é tão significativo que compensam os investimentos realizados nas outras oito que não deram frutos. Por isso, Uri Levine, o fundador do aplicativo Waze, que em 2013 foi vendido para o Google por mais de US$ 1 bilhão, recomenda: "Ao tentar fazer algo novo você vai falhar. A única maneira de progredir é tentar e errar".[121]

Sem entender essa dinâmica, muitas pessoas encaram o fracasso como um ponto definitivo e irreversível e desperdiçam todo o aprendizado acumulado até aquele amargo momento de resultado negativo. Ainda bem que começamos a ver surgirem empresas muito mais tolerantes ao fracasso sob a máxima de que o seu papel é "fabricar embriões", como o grupo britânico Virgin, composto por duzentas empresas, 25 mil funcionários e US$ 5 bilhões de faturamento anual, que age sob a premissa de que "a maioria dos experimentos não atingirá sucesso, mas os poucos que atingirem serão grandes geradores de resultados".[122]

Para acabar com o mito em torno do medo do fracasso que apavorava seus alunos, o professor Johannes Haushofer, da Universidade de Princeton, publicou um currículo em que relata somente os seus fracassos. Segundo a neurobiologista Melanie Stefan, o currículo de fracassos de uma pessoa é normalmente seis vezes maior do que o tradicional, ou de sucessos. Elabore agora o seu currículo contendo apenas os seus insucessos. Então, se a sua taxa de fracassos está baixa, trate de melhorá-la! Se para se tornar um agente de transformação é preciso fracassar, então fracasse mais rápido.

Elizabeth Gilbert nos mostra como reagiu às sucessivas rejeições por parte das editoras que não gostavam dos seus livros: "Mas eu revia minha resolução, sempre do mesmo jeito, dizendo: 'Não vou desistir, vou para casa.' (...) Para mim, ir para casa significava voltar a escrever, porque escrever era o meu lar, porque eu amava escrever mais do que odiava fracassar escrevendo. O que significa dizer que eu amava escrever mais do que amava meu próprio ego, significa que eu amava escrever mais do que a mim mesma".[123]

Esses casos confirmam o que disse a esse respeito Mahatma Gandhi: "Primeiro eles ignoram-te, depois, riem-se de ti, depois combatem-te e depois tu vences".

AO TENTAR FAZER ALGO NOVO VOCÊ VAI FALHAR.
A ÚNICA MANEIRA DE **PROGREDIR** É TENTAR E ERRAR.

Liste aqui algumas desaprovações e críticas negativas que você poderá receber e como lidará com elas:

COMO VOU LIDAR COM O BULLYING QUANDO APRESENTAR MINHAS IDEIAS *ROCK AND ROLL*

ETAPA 5.
TAPINHAS NAS COSTAS

A dinâmica das pessoas citadas neste livro em sua jornada para transformar o mundo pode ser resumida na brilhante máxima dita pelo inventor e escritor Sir Arthur C. Clarke: "No princípio as pessoas dizem que é uma ideia louca e que nunca funcionará. Depois as pessoas dizem que sua ideia pode funcionar, mas não vale a pena tentar. Finalmente, as pessoas dizem: eu falei o tempo todo que era uma ótima ideia".[124]

Quando você colocar em prática esses conceitos e os resultados que você busca começarem a surgir, entrará o que eu chamo de "fase dos tapinhas nas costas", na qual é muito comum receber todo tipo de elogio, prêmios e reconhecimento pelas transformações que as suas ações estão promovendo no seu trabalho, nos seus negócios e na sociedade. É o momento do gol!

Há muitas pessoas querendo o gol na etapa 1 ou 2, por isso o resultado é frustração e, como vimos, quando isso acontece, a culpa é do chefe, do mercado, do universo.

ESTA É A FASE NA QUAL VOCÊ COLHE OS RESULTADOS E VÊ ACONTECEREM AS MUDANÇAS QUE VOCÊ SEMPRE SONHOU. É O MOMENTO DE CELEBRAÇÃO, DE COMEMORAR AS MUDANÇAS QUE VOCÊ BUSCOU PARA VOCÊ, PARA OS SEUS NEGÓCIOS E PARA O MUNDO.

A recomendação que eu tenho para você quando entrar nessa fase é: muito cuidado! A fase tapinha nas costas é muito perigosa. Mais uma vez, explico.

Em 1964, um boxeador novato de apenas 22 anos criou a sua equação impossível: vencer por nocaute o campeão mundial, que na época era Sonny Liston, um boxeador veterano, superexperiente e que nunca durante a sua carreira tinha perdido uma luta sequer.

Por sua vez, as pessoas se perguntavam de onde havia saído o novato desafiante "morto de medo", como era considerado.

Noventa e três por cento dos jornalistas especializados consultados previram que seria uma vitória fácil e rápida do veterano Sonny. Enquanto isso, muita gente estava seriamente preocupada com a possibilidade de que o desafiante apanhasse tanto que aquela poderia ser a sua última luta, e também uma lição para outros inexperientes que arriscassem suas vidas no ringue. Até mesmo o próprio médico da equipe do novato, Ferdie Pacheco, estava verdadeiramente acreditando que ele poderia morrer. Por isso, tratou de pesquisar quais hospitais detinham o melhor atendimento de emergência, quais os médicos que estariam de plantão no momento da luta e até esquematizou as melhores rotas para dar os primeiros socorros ao rapaz.

De um lado, o novato treinando feito um louco, estudando as lutas do adversário – claro, a equação impossível era dele: vencer o campeão mundial. Do outro lado, o confiante campeão Sonny. Como para ele o adversário pareceu inofensivo, acreditava que seria uma luta rápida e fácil. Por isso, deu uma esticada na sua agenda de campeão, cheia de compromissos importantes como jantares de gala e festas em sua homenagem... Ele era visto comendo cachorro-quente, bebendo uísque, saindo para as noitadas. Começou a treinar somente um mês antes da luta, até então estava mergulhado até o pescoço no ritual luxuoso e confortável dos campeões.

Assistir a tudo isso era ótimo para o novato, que batia palmas quando lia no jornal ou ouvia falar no rádio sobre alguma festa ou cerimônia importante que fazia o seu adversário passar noites acordado, bebendo, celebrando e recebendo os merecidos tapinhas nas costas.

Chegou o grande dia da luta. E o que todos consideravam improvável aconteceu: no final do sexto assalto, o campeão não conseguia mais ficar de pé e o combate foi encerrado precocemente. Quem era o garoto? Muhammad Ali, que naquela época ainda se chamava Cassius Clay.

George Foreman, outro boxeador, que ficou famoso também por vender aparelhos para preparação de grelhados, disse certa vez que "os grandes campeões são os adversários mais fáceis de derrotar". Ele sentiu isso na pele porque também foi vítima do mesmo efeito, como reconheceu: "Todos dizendo que eu era o melhor de todos... Os tapinhas nas costas... Os elogios... Alimentei-me deles...".

A advertência é: não se deixe embriagar pelo efeito tapinha nas costas. O mundo dos esportes está repleto de exemplos do tipo, o mundo das empresas também.

O tenista André Agassi também foi outra vítima. Ele demorou 22 anos para vencer seu primeiro Grand Slam e dois para perder tudo. A pior derrota de sua carreira foi para Jerôme Haehnel, um alsaciano de 23 anos de idade que sequer tinha técnico e ocupava a 271ª classificação no ranking.

É possível imaginar o diálogo...

– Quem é o meu próximo adversário?

– Ah, Andre, não se preocupa, não. É um tal de Jerôme, um garoto de 23 anos que sequer tem técnico.

– Tá no papo!

Mas o que eles não levaram em conta é que, como vimos, a dificuldade que pode gerar a aflição é a mesma que pode tirar da zona de conforto para impulsioná-lo em direção a tempos melhores.

Quando eu era criança, desenvolvi uma síndrome que os psicólogos apelidaram de "a síndrome do subtotal". Eu costumava acompanhar minha mãe em suas idas ao supermercado e, como em tantas famílias brasileiras, o dinheiro para as compras do mês era contado. A minha parte preferida do supermercado ficava na prateleira dos iogurtes. Eu adoro iogurte desde aquela época. Mas, convenhamos, para nós era um produto supérfluo (portanto, o último a ser comprado) e naquele tempo não era muito acessível para a nossa família.

Atualmente, os caixas de supermercado já mostram simultaneamente o valor do produto que está sendo registrado e a soma do valor total da compra, de modo que você pode acompanhar o subtotal produto a produto. Mas, naquela época, para saber o valor parcial da compra era preciso solicitar ao operador do caixa que interrompesse o registro dos produtos e desse um comando para que a registradora mostrasse o valor total das compras até aquele momento. "Por favor, você poderia me informar o subtotal?", eram as palavras assustadoras que eu ouvia de minha mãe porque, com frequência, percebíamos que não havia dinheiro suficiente para o produto mais desejado de todos: o iogurte.

A cena se repetia: eu me esticava na ponta dos pés, segurando o balcão com as mãos, enquanto meus olhos arregalados acompanhavam atentamente a aproximação em câmera lenta do iogurte à "linha de chegada", o outro lado da esteira do caixa de supermercado. Quando aquelas palavras terríveis eram proferidas, não raramente, a sensação de me deliciar com o produto era substituída pela cena, também em câmera lenta, do produto sendo levado de volta à prateleira (você certamente está percebendo que a origem da associação subconsciente que fiz sobre ativos invisíveis com prateleiras de supermercados decorre dessa síndrome).

Após alguns episódios como esse em que minha vontade era frustrada, resolvi que aquilo não se repetiria novamente. Passei a fazer pequenos trabalhos de todo o tipo: vender artesanatos, engraxar sapatos, vender jornal e outras coisas mais, que me fizeram garantir o iogurte todo mês. E essa descoberta de que eu era capaz de vencer aquele desafio me fez tomar gosto pelo trabalho desde cedo e as oportunidades foram sendo cada vez mais percebidas. Por isso, posso assegurar que devo tudo ao iogurte que não tive! Aquela era minha equação impossível aos oito anos de idade.

Como vimos, foram as dificuldades que criamos – nossas equações impossíveis – que nos levaram a olhar para os ativos invisíveis que nos possibilitaram mudar o mundo a partir daquilo que já temos – nosso patrimônio invisível – e não a partir do que falta.

> São os desafios mais inspiradores que fazem com que pessoas comuns encontrem maneiras incríveis de resolver problemas complexos. Isso vale para um garoto de oito anos que gostava de iogurte e para um importante homem de negócios.

Steve Jobs era alguém que estabelecia metas fora da curva. Ele ficou conhecido por buscar alternativas muito longe das convencionais e por isso criou disrupturas definitivas, a ponto de permitir que uma pessoa praticamente precise apenas do seu aparelho de celular para resolver uma série de necessidades. O modo como ouvimos músicas, como recorremos a informações depositadas "na nuvem", como resolvemos problemas usando aplicativos deve-se em grande parte à postura inconformista e determinada de Steve de questionar o *status quo* e derrubar modelos mentais ultrapassados.

Muitas pessoas não compreendiam o seu propósito de criar produtos dotados de simplicidade e "máxima sofisticação"[125] a ponto de preocupar-se com a estética interna do aparelho para que ela também fosse diferenciada, coisa que muitos não entendiam por considerar exagerado e desnecessário. Os padrões de Jobs eram tão elevados que muitos o chamaram de maluco, quando o que ele pretendia era justamente vencer algumas equações impossíveis e, para isso, dependia de extrair o máximo potencial das pessoas com trabalho duro. Ele chegou a elaborar camisetas com a inscrição "Noventa horas por semana e adorando" para sua equipe declarar aos quatro ventos que trabalhavam noventa horas por semana, e felizes. Steve queria atingir resultados incríveis e cada funcionário deveria ser uma fração desse resultado.

Esse estilo aparentemente obsessivo, no entanto, acabou por provocar a sua saída da empresa. Em seu lugar ficou John Sculley, um homem de marketing cujo estilo de trabalho era o do "tapinhas nas costas". Ele trocou equações impossíveis por equações possíveis, deixou de olhar o supermercado para olhar para as prateleiras pequenas e o resultado disso todos sabemos. Essa postura quase arruinou a Apple, a ponto de chamarem Steve Jobs novamente, na esperança de salvar a empresa. Quando Jobs recebeu a direção da companhia pela segunda vez, o valor de cada ação era de aproximadamente um dólar. E ele multiplicou esse valor mais de cinquenta vezes. A fórmula funcionou mais uma vez.

O mesmo pode ser dito de Elon Musk, da PayPal, da fabricante de carros elétricos Tesla e da SpaceX. Uma de suas equações impossíveis é simplesmente "levar o homem a Marte". E com ela já revolucionou as missões aeroespaciais. Assim como os funcionários de Jobs, os colaboradores de Musk sabem que "estão tentando alcançar o impossível todos os dias",[126] por isso obtêm resultados muito acima das outras pessoas.

Por isso, recomendo sempre: não aceite trabalhar com pessoas "tapinhas nas costas". Prefira trabalhar com pessoas que perseguem equações impossíveis e resultados "fora da curva", ainda que sejam revestidas de uma personalidade considerada "difícil" pela maioria. Sob a sombra de pessoas assim podemos criar as transformações de que a nossa sociedade precisa e elevar o nosso potencial a patamares exponenciais.

Render-se aos efeitos da etapa de tapinha nas costas é fatal porque nos retira justamente do estado de busca que nos levou aos resultados. Lembre-se das palavras do escritor irlandês C. S. Lewis: "Dificuldades preparam pessoas comuns para destinos extraordinários".

Portanto, após a justa e merecida celebração, quando bater aquela vontade de relaxar e curtir os inebriantes efeitos que o atingimento de um grande objetivo proporciona, levante a âncora. É hora de partir. É o momento de ter muito cuidado para não se deixar inebriar pelo sucesso.

Escreva agora como você poderá manter os pés no chão após resolver sua equação impossível.

FÓRMULA PARA NÃO SE DEIXAR SEDUZIR PELO SUCESSO

ETAPA 6.
GIVE BACK

As ideias que apresentamos aqui podem ser usadas para desenvolver uma atitude empreendedora que vai muito além de simplesmente ter uma empresa. É um comportamento que pode ser aplicado ao mundo dos negócios, à sua vida pessoal e profissional, além da sua relação com a sociedade como um todo. Essa atitude refletirá nos resultados da sua carreira, na resolução de problemas, no enfrentamento de situações adversas e também será levada para outros aspectos da sua vida e para o mundo.

Você pode agora caminhar pela vida com os olhos abertos para as oportunidades e obter resultados espetaculares. Ao usar essas lições você certamente atingirá novos patamares de desempenho nas mais diversas áreas. Tornará sua vida mais próspera, identificando e aproveitando aquelas oportunidades que já tem e ainda não sabia para impactar as pessoas ao seu redor.

Estou certo de que você concordará quando afirmo que, durante essa jornada, seus resultados somente são possíveis graças ao apoio de outras pessoas que, direta ou indiretamente, contribuíram para que você conseguisse atingir seus objetivos. Nesse grupo há pessoas que você sequer conhece, por isso muitas vezes você não tem consciência de que elas fizeram parte das suas conquistas e são, portanto, igualmente importantes no processo.

Algumas pessoas acreditam que o atingimento dos seus objetivos encerra o processo de transformação. A minha proposta é diferente e é inspirada em uma atitude presente no Vale do Silício que tem a ver com as palavras da ativista americana Shirley Chisholm: "Se você tem conhecimento, deixe os outros acenderem suas velas com ele".[127] O que quero dizer com isso é que a última etapa do processo de transformação não está no atingimento do objetivo e da merecida celebração, e sim na oportunidade de ajudar outras pessoas a também encontrarem suas grandezas. É o que chamamos de *give back*, isto é, devolver ao mundo parte das oportunidades que você recebe do mundo. Gira, mais uma vez, em torno da ideia que você praticou muito durante a infância: aprender a compartilhar. Só que agora você – ou sua organização – vão compartilhar uma parcela da prosperidade que alcançaram.

Se você foi ajudado por pessoas de todos os tipos e lugares, nada melhor que compartilhar com o mundo esses seus novos conhecimentos, lições e conquistas, para que eles se expandam e beneficiem o maior número de pessoas possível. Este também é o propósito deste livro. Vamos fazer o mesmo com as organizações onde atuamos, com a nossa cidade, com o nosso país e com todas as pessoas. Nossos semelhantes também podem estar sentados em cima das alternativas de que precisam para fazer acontecer aquilo que planejam e desejam de melhor, e a sua ajuda pode ser o fator decisivo para que outras pessoas vejam o que você viu.

> *Essa etapa advinda da concepção que vigora entre as startups do Vale do Silício, que envolve o conceito "dar de volta", consiste no compromisso de colaboração com outras pessoas, outras organizações para que possam ter o mesmo sucesso que elas tiveram ou estão buscando.*

Ela se baseia na jornada do herói, de Joseph Campbell, em que "o herói volta de sua misteriosa aventura com o poder de conceder dádivas aos seus companheiros". Então, para ser um herói, ele precisa não só ser bem-sucedido em sua aventura, mas principalmente ajudar outras pessoas a partir da experiência vivida. Aquele que tem condições de exercitar o *give back* e não o faz não está sendo ético, não é um verdadeiro herói.

Isso também tem a ver com devolver à sociedade parte das dádivas que você recebeu, potencializando outras transformações para que não apenas você, mas toda a sociedade possa prosperar coletivamente e com a ideia de que quem, com seu talento e recursos, pode contribuir para o bem comum deve efetivamente fazê-lo. Você já parou para pensar que quando não compartilha os conhecimentos e habilidades que tem está deixando de oferecer matéria-prima essencial para a transformação de outras pessoas?

A valiosa ajuda que você pode dar não precisa se confundir apenas com voluntarismo ou trabalhar sem receber o devido reconhecimento, inclusive financeiro, embora seja uma atitude louvável. Sabemos que há pessoas cujo talento empreendedor resulta simplesmente em ganhar muito dinheiro, como é o caso de Jeff Bezos, com sua Amazon, que se tornou o primeiro homem na face da Terra a acumular uma fortuna de doze dígitos, com cerca de 112 bilhões de dólares. É dever dessas pessoas continuar manifestando e exercitando suas habilidades, senão estarão sendo incoerentes com seus talentos. O que começam a fazer diferente é simplesmente distribuir parte da prosperidade que obtiveram, e isso pode ser feito simplesmente ensinando, orientando e apoiando outras pessoas a alcançarem novos patamares de desempenho.

Felizmente, é cada vez maior entre os mais bem-sucedidos do mundo o número de pessoas que estão se tornando cientes da importância do *give back*. Elas passam a reconhecer a necessidade de destinar parte de suas fortunas para mudar o mundo, afinal, qual é o sentido de ter tanto dinheiro que não se possa gastar, nem em algumas gerações? Pensando assim, Bill Gates e sua esposa Melinda decidiram, durante um passeio na praia, ainda em 1993, que a fortuna gerada pela Microsoft precisaria ser devolvida à sociedade. Como todos sabem, Bill decidiu doar em vida 95% de sua fortuna pessoal (avaliada em cerca de US$ 100 bilhões)[128] para investir em projetos que possam causar grande benefício à sociedade. O movimento, batizado de Promessa de Doar, foi acompanhado por Warren Buffett, que concordou em doar 80% de sua riqueza (estimada em US$ 63 bilhões) para o mesmo fim.

Gates já convenceu mais de uma centena de bilionários a seguir o mesmo caminho, e está criando um movimento que pode modificar as desigualdades de forma definitiva.

O bilionário Tony Hsieh decidiu destinar 350 milhões de dólares de sua fortuna pessoal para a recuperação da degradada região central de Las Vegas, onde inclusive funciona a sede da empresa em que trabalha, a Zappos.

Mark Zuckerberg, cofundador do Facebook, também assumiu o compromisso de doar 99% de seus cerca de US$ 45 bilhões.

No mundo corporativo, empresas denominadas *"one to one"* seguem no mesmo caminho, trazendo para o negócio a ideia do *give back*, em que para cada produto vendido, outro será doado.

A marca TOMS, do norte-americano Blake Mycoskie, produz calçados e segue na proposta de doar um par de sapatos para cada par vendido, já tendo doado milhões de pares. A marca de óculos escuros Giv.On faz o mesmo. A Panasonic já doou mais de 50 mil lanternas solares. A Starbucks, doando cinco centavos de dólar por cada água mineral vendida em suas lojas, já proporcionou água e saneamento a 500 mil pessoas. A editora Belas Letras, deste livro, utiliza a estratégia do compre um, doe um, para democratizar o acesso à leitura.

Esses e outros exemplos demonstram que é possível fazer duas coisas ao mesmo tempo: ganhar dinheiro e ajudar pessoas.

Agora que você conhece o segredo das pessoas que estão vivendo a vida que sempre sonharam, é também seu dever apoiar outras pessoas a terem a mesma oportunidade. Há várias formas de fazer isso, inclusive apoiando ou simplesmente sendo acessível a outras pessoas que procurem a sua orientação.

Resta, então, lembrar aqui que é muito importante que o compartilhamento de conhecimentos seja cada vez mais usado para atingirmos resultados exponenciais, e que a sua história é sim fundamental para inspirar os demais. Seu depoimento é importante e pode impactar a vida de outras pessoas.

ESSE É UM MOVIMENTO DEFINITIVO E IRREVERSÍVEL E VOCÊ FAZ PARTE DELE.

Descreva aqui a sua maneira de compartilhar os conhecimentos que você tem para ajudar outras pessoas a atingirem os resultados que elas buscam:

COMO POSSO AJUDAR OUTRAS PESSOAS A ENCONTRAREM SUA GRANDEZA

ARREGAÇANDO AS MANGAS

A partir de tudo o que vimos, lanço algumas perguntas inerentes ao mundo corporativo:

• Você ou a sua empresa poderiam explorar melhor o valor oculto dos ativos invisíveis que já estão disponíveis?

- Você ou a sua empresa estão desenvolvendo o hábito de buscar ativos invisíveis?

- Você acredita que poderia obter vantagem competitiva em relação aos seus concorrentes a partir dos ativos invisíveis que já tem e não usa?

- Você já se perguntou de que maneira os ativos invisíveis podem aumentar seu retorno e reduzir seus custos ou criar valor para sua empresa?

- A sua empresa já desenvolveu algum mecanismo ou plataforma aberta, acessível e preferencialmente divertido para capturar ativos invisíveis (inclusive a inteligência coletiva e os talentos que estão sendo ignorados), elaborar e resolver equações impossíveis?

Você agora conhece o ciclo do *Mindset* de Prosperidade e como realizar esse processo de transformação. Diversas maneiras podem ser usadas para auxiliá-lo nesse processo.

A proposta de lançar um Prêmio Equação Impossível, como falamos há pouco, é bastante viável.

Nessa hipótese, você poderia, quem sabe:

1 *Perguntar-se quanto representa financeiramente para sua empresa um determinado problema. O elevado prazo de entrega dos nossos produtos representa não apenas uma elevada insatisfação por parte dos clientes, como também gera uma perda de cinco milhões de reais por ano para a companhia.*

2 *Criar uma equação impossível com base nesse problema.*

3 *Lançá-la ao mundo (ampliar a base de conhecimento envolvendo não apenas seus colaboradores, mas toda e qualquer pessoa, inclusive de outras áreas e mercados).*

4 *Oferecer um prêmio àqueles que resolverem a equação equivalente a um percentual do que o problema representa em termos financeiros, por exemplo, de 10% do quanto ele custa hoje, no caso, quinhentos mil reais.*

Você aprendeu a criar sua equação impossível, colocar-se em estado de atenção plena para identificar os ativos invisíveis e, possivelmente, já percebeu alguns deles que podem lhe ser úteis. Esses ativos são a matéria-prima que lhe tornará possível realizar um objetivo aparentemente impossível.

O passo seguinte é verificar como esse "inventário" pode ser usado na sua equação impossível. Portanto, procure notar quais ativos podem funcionar para você, fazendo a mesma correlação que era feita sobre os ativos visíveis, mas agora com aquilo que você escolheu do círculo maior e mais abundante. Isso se dá por conta de uma ideia *rock and roll*.

Oferecemos essas ideias a uma empresa de grande porte, o que rendeu um prêmio de eficiência e inovação.

Em outra ocasião, usamos os conceitos que ensino neste livro para solucionar problemas em uma pequena empresa. O resultado foi o aumento médio de 300% no faturamento anual, o que representou os milhões de reais (nada mal para uma organização que passava por dificuldades) de que ela precisava para mudar a sua condição.

O salto nos resultados, nesse caso, foi possível por percebermos que a saída para a equação impossível estava nos relacionamentos que já havia com outras empresas. O ativo invisível valioso era a solidez de relacionamentos, que fez surgir um parceiro disposto a desenvolver o projeto sem qualquer custo financeiro, com a expectativa de compartilhar eventuais resultados futuros. O passo a passo do processo aconteceu como a seguir.

Revisitando algumas ideias rejeitadas no passado por causa da percepção de que não eram factíveis ou de que não havia recursos suficientes para colocá-las de pé, percebemos que não tinha falta de alternativas. Elas existiam, já estavam lá, mas haviam sido descartadas pela crença na escassez de recursos para implementá-las.

Uma delas consistia em um ousado e inédito programa de certificação feito on-line, mas, para isso, seriam necessários significativos investimentos em tecnologia e a empresa não tinha como bancar esse desenvolvimento e sua condição também não a habilitaria a obter empréstimos. Foi desse processo que estabelecemos a equação impossível, que você já conhece:

De que maneira, em um curto espaço de tempo, podemos desenvolver novas soluções e alternativas de serviços para os atuais e novos clientes potenciais de modo a reverter a espiral negativa de redução do número de clientes e de receita, sem realizar investimentos financeiros (não havia recursos para isso) e, ao mesmo tempo, elevar o número de clientes e, por consequência, ampliar as nossas receitas anuais?

MAPEAMENTO DOS ATIVOS INVISÍVEIS

Começamos a conversar com pessoas das mais diversas áreas sobre o desafio. Gestores, colaboradores, fornecedores e clientes foram envolvidos nesse debate que, em um primeiro momento, parecia meio confuso e não sinalizava aonde poderia levar. Mas persistimos sob os olhares dos mais céticos.

NÓS NOS COLOCAMOS EM ESTADO DE ATENÇÃO PLENA PARA INICIARMOS UMA BUSCA ATIVA POR ATIVOS INVISÍVEIS.

Os conhecimentos e habilidades dos colaboradores, a criatividade da equipe, a boa reputação da organização, a solidez do relacionamento com os diversos *stakeholders*, o tamanho da organização, que permitia a tomada ágil de decisões, a qualidade das parcerias que a organização desenvolve, a vontade de se envolver em assuntos inovadores, o elevado engajamento da equipe etc. Todos ativos que não aparecem no balanço da empresa.

Esse foi o momento zero, o pontapé inicial, de uma busca intensa por ativos invisíveis.

No momento de realizar uma busca ativa por ativos invisíveis, a primeira coisa a fazer é concentrar-se naquilo que já temos e não no que nos falta para atingir o objetivo. Poderíamos, por exemplo, perder tempo valioso imaginando os recursos financeiros (aquilo que nos falta) de que precisávamos para desenvolver o projeto, mas, em vez disso, nós nos centramos nas alternativas de que já dispúnhamos.

E fizemos a pergunta crucial:
COMO ESSES ATIVOS PODERIAM SER USADOS EM NOSSA EQUAÇÃO IMPOSSÍVEL?

Foi quando o mapeamento de ativos invisíveis mostrou que a empresa contava com uma sólida rede de relacionamentos com outras empresas parceiras. Seu ativo invisível principal era a qualidade, a confiança e a solidez dos relacionamentos com seus parceiros.

IDEIA *ROCK AND ROLL*

Esse processo nos conduziu à seguinte possibilidade: se a organização goza de sólida reputação e elevado nível de confiança dos diversos *stakeholders*, essa poderia ser a deixa de que precisávamos para apresentar a nossa ideia. Iríamos convencer algum parceiro a investir o seu dinheiro – e não o nosso – no projeto. Não se tratava de um empréstimo, mas de uma parceria em troca do compartilhamento dos ganhos, se houvesse.

BULLYING

Ao apresentar aos dirigentes e sócios da empresa a possibilidade de resgatar essas ideias, obtivemos algumas desaprovações. "Isso não vai dar certo"; "Isso não faz parte da essência da nossa empresa"; "Já vimos isso no passado e concluímos que não daria certo"; "Isso é grande demais para nós"; "Quem em sã consciência toparia algo assim?"; "Seremos motivo de piada". Foram alguns dos feedbacks que recebemos e que mostravam: essa rejeição toda vinda dos mais céticos e conservadores era um sinal claro de que estávamos no caminho certo. Finalmente o "de acordo". A única condição: "desde que não custe um centavo, pois nós não o temos". Nessas condições, o que se poderia perder se o risco seria todo do eventual parceiro?

SUTILEZAS

Após alguns "nãos", tendo esse desafio em mente, segui para a aula de natação de minha filha quando me deparei, como acontecera várias vezes no passado, com um dos sócios de uma empresa de tecnologia que tinha pretensões de ser nosso fornecedor. Mas agora era diferente. Assim como William viu a foto de um moinho de vento na capa de um livro caindo aos pedaços; assim como Bill Bowerman olhou de modo diferente para o seu *waffle* no café da manhã, ali estava a oportunidade de que precisávamos para desenvolver a nova solução. Apresentamos a ele o projeto, que foi bem aceito. Estava dividindo a piscina com o homem que concordou em assumir o risco e os custos de desenvolvimento da nova plataforma tecnológica, diante da expectativa de partilhar eventuais resultados, na hipótese de o projeto dar certo.

TAPINHA NAS COSTAS

Descobrir e usar esses ativos nos permitiu mudar a situação radicalmente. O resultado foi impressionante. Em pouco mais de um ano, houve um aumento de 300% na receita anual, e o número de clientes praticamente dobrou com o novo serviço oferecido. Novas contratações puderam ser feitas e a companhia voltou a ter condições de realizar novos investimentos. O investidor ficou muito satisfeito e a empresa, uma entidade de classe, também. Mais de 44 mil profissionais já fizeram uso da plataforma de certificação, dando à organização o título de uma das maiores certificadoras do país. Tudo isso sem colocar a mão no bolso.

"São soluções que custam muito pouco ou não custam nada. Com esse conceito dos ativos invisíveis podemos dizer que invertemos a curva negativa em que estávamos. Pudemos verificar que estávamos em cima de soluções criativas que não víamos e hoje estamos numa situação bem mais confortável financeira e tecnologicamente", disse a dirigente, Maria do Carmo Porto Oliveira, depois de comprovar os grandes resultados positivos obtidos.

GIVE BACK

Como gerar prosperidade para outras pessoas? Esse foi outro ponto de atenção para a organização. A maneira escolhida: oferecer em escolas públicas sob o raio de influência da empresa, no caso, no Distrito Federal, um programa de educação financeira aos alunos. Diante de tantas notícias nos jornais sobre superendividamento e seus impactos sociais, o Presidente da Organização, Vasco Azevedo, consolidou o programa que chegou a atingir mais de 36 mil crianças de 75 escolas. A iniciativa rendeu dois prêmios do Banco Central, o selo ENEF – Estratégia Nacional de Educação Financeira.

PARA LEMBRAR SEMPRE

Mantenha este quadro sempre em sua mente quando estiver procurando por ativos invisíveis:

MODELO MENTAL DA OPORTUNIDADE

1	CONSTRUA UM OBJETIVO MAGNÍFICO
2	COLOQUE-SE EM ESTADO DE ATENÇÃO PLENA E CRIE O SEU INVENTÁRIO DE ATIVOS INVISÍVEIS
3	ADORE TER IDEIAS MALUCAS, IDEIAS *ROCK AND ROLL*
4	ESPERE SER TRATADO COMO UM CORPO ESTRANHO. QUANDO ISSO ACONTECER, NÃO PRECISA FUGIR ASSUSTADO
5	VOCÊ ATINGE O SEU OBJETIVO (TAPINHAS NAS COSTAS)
6	DEVOLVA UMA PARTE DO SEU SUCESSO PARA A SOCIEDADE

Por não conhecerem esse ciclo ou por quererem abreviar o ciclo de transformação, infelizmente, muitas pessoas sucumbem ao processo de transformação – muitas delas quando estão bem próximas de atingir o objetivo. Outras tantas sequer iniciam o processo de transformação, nem elaboram objetivos mais ousados. Vítimas do Modelo Mental da Escassez provam que o maior ativo invisível é também o mais ignorado: o próprio talento, e não chegam sequer à primeira etapa desse processo por não acreditarem que são capazes de atingir resultados considerados impossíveis. Não acreditam verdadeiramente que são poderosos agentes de transformação. Mas agora você está pronto para encarar as dificuldades e fazer acontecer tudo o que planeja e que a maioria das pessoas considera impossível.

ALGUMAS ATITUDES PODEM AJUDÁ-LO NESSA TAREFA DE TRANSFORMAR O MUNDO.

EM VEZ DE...

...COMPETIR, OPTE POR COOPERAR.

...ACUMULAR, ESCOLHA DIVIDIR.

...TEMER O FRACASSO, FRACASSE MAIS RÁPIDO.

...SE CONCENTRAR SOMENTE NO QUE É VISÍVEL, DÊ ESPAÇO PARA O INVISÍVEL, AFINAL, SE ALGO NÃO É VISTO, NÃO SIGNIFICA QUE NÃO EXISTE.

...CRER NA ESCASSEZ, ACREDITE NA ABUNDÂNCIA.

...PRIORIZAR O SUCESSO, PRIORIZE ALCANÇAR O SEU PLENO POTENCIAL
E O SUCESSO O PERSEGUIRÁ COMO CONSEQUÊNCIA NATURAL DE SUAS AÇÕES.

...VALORIZAR APENAS O DIPLOMA,
VALORIZE PRINCIPALMENTE AS EXPERIÊNCIAS.

...AGIR COMO UM ESPECIALISTA SOLITÁRIO, PREFIRA INSERIR-SE
EM UMA COMUNIDADE QUE PERSIGA OS MESMOS OBJETIVOS QUE VOCÊ.

...FECHAR-SE DIANTE DE PROBLEMAS, ADOTE UMA POSTURA
MAIS ABERTA QUANDO ISSO OCORRER.

...TRABALHAR EM TROCA DE BENEFÍCIOS, GERE
BENEFÍCIOS EM SEU TRABALHO.

...GASTAR SUAS ENERGIAS EM BUSCA DE CONTROLE, PREFIRA CONVIVER
COM CERTAS DOSES DE INCERTEZA.

...VALORIZAR O ACESSO RESTRITO A INFORMAÇÕES RELEVANTES, PROMOVA O
DIÁLOGO E REPENSE AQUILO QUE É TIDO COMO SECRETO. FACILITE.

...AGIR COMO UM ADULTO SÉRIO, EXPERIMENTE AGIR COM A ALEGRIA
E A LEVEZA DAS CRIANÇAS.

VOCÊ TAMBÉM PODE FAZER COISAS IMPOSSÍVEIS!

Na mesma linha do alto impacto gerado pelas pessoas citadas, muita gente será impactada pelas ações que você vai desenvolver a partir de agora sob o Modelo Mental da Oportunidade e da utilização do seu patrimônio invisível.

De agora em diante, você nunca mais culpará as circunstâncias, pois retomou as rédeas da sua vida e sabe como fazer para atingir resultados incríveis, sob a premissa de que ativos invisíveis são poderosos o suficiente para resolver equações impossíveis e apoiando outros a fazerem o mesmo.

A CAPACIDADE DE VER ATIVOS INVISÍVEIS É O DIFERENCIAL QUE FAZ MANIFESTAR A GRANDEZA DE PESSOAS COMUNS QUE ATINGIRAM RESULTADOS EXTRAORDINÁRIOS NOS MAIS DIVERSOS CAMPOS.

Vimos que o Modelo Mental de Oportunidade tem o poder de fazer surgir impérios. Como é maravilhoso ver impérios serem construídos por pessoas comuns cujo único diferencial foi o de prestar atenção às inúmeras oportunidades que estavam caindo sobre suas cabeças e, com seus exemplos, mostram ao mundo que predomina a abundância, e não a escassez, exatamente como você fará. Como é igualmente prazeroso ver pessoas simples transformando-se em "fodásticas".

Aos que aderem ao movimento de perceber e valorizar os ativos invisíveis, não resta dúvida: os resultados são excepcionalmente positivos e os saltos acontecem. É isso o que você vai conquistar a partir de agora. Habitue-se a ter muito mais momentos eureca.

Acostume-se com a ideia de que será cada vez mais comum nos depararmos com pessoas realizando coisas que pareciam impossíveis. Como vimos, é possível obter criação de valor, em pouco tempo, a partir de poucas pessoas ou pequenos grupos, como concluíram Peter Diamandis e Steven Kotler: "Hoje em dia grupos pequenos de adeptos do DIY [Faça-Você-Mesmo], bastante motivados, conseguem realizar o que antes era monopólio das grandes corporações e de governos".[129]

> *Vibre com a ideia de que cada vez mais pessoas estão questionando objetivos aparentemente impossíveis e estão obtendo transformações impressionantes nas mais diversas áreas. A busca por ativos invisíveis é o diferencial que essas pessoas praticam para viabilizar essas grandes mudanças.*

Você é uma dessas pessoas e jamais permita que a ideia de escassez domine suas decisões novamente. A sua visão é de abundância, de que há oportunidades e recursos para onde quer que você olhe. A partir de agora, estou certo de que você olhará as mesmas coisas de um modo diferente.

Imagine-se visitando a sua vida a cada período de cinco anos. Veja-se nascendo, aos cinco anos de idade, aos dez, quinze e assim sucessivamente. Quais mudanças você percebe em relação aos seus resultados, aos seus projetos, em cada período? Agora faça esse exercício para os próximos cinco anos. Onde você quer estar? Como você quer estar? Por quais transformações você terá sido responsável? De que maneira você vai ajudar a sociedade? Que desafios você pretende enfrentar, emprestando a eles o melhor dos seus esforços? Que tal projetar esse cenário agora?

CHEGOU O MOMENTO DE AGIR E DE CRIAR AS CIRCUNSTÂNCIAS, EM VEZ DE FICAR À MERCÊ DELAS.

Você merece todo o sucesso que você e a sua empresa buscam e tem os recursos de que precisa à sua disposição. Você conhece uma magnífica nova fonte de possibilidades que a maioria das pessoas jamais pensou existir.

Mas de nada adianta se esse conhecimento não for colocado em prática para promover as transformações que você tanto busca e merece. Então, estabeleça suas metas mais elevadas. Aquelas que fariam os seguidores do Modelo Mental da Escassez balançarem na cadeira. E comece a descobrir como o seu patrimônio invisível pode ajudá-lo a tornar seus planos realidade.

Em relação ao sucesso, entre as mudanças que temos visto ultimamente, podemos apontar algumas:

A PRIMEIRA

É que esses heróis mudaram de cara. Antes víamos homens e mulheres em ternos caros e carros sofisticados. Agora, vestem calça jeans, camiseta e vão para o trabalho de metrô ou bicicleta.

O fato de ter trabalhado arduamente e investido boa parte de sua fortuna não impedia que Elon Musk em momentos críticos, como os lançamentos de seus foguetes, aparecesse na sala de controle trajando short, chinelos e camiseta.[130]

O empreendedor americano Tony Hsieh, que vendeu para a Amazon a sua empresa Zappos por US$ 1,2 bilhão, mora em um trailer de dezoito metros quadrados. Durante as noites e fins de semana, os moradores se reúnem com ele para conversar em volta de uma fogueira ou ver um filme. "Para mim, experiência é mais importante do que coisas. Eu tenho mais experiências aqui", afirma ele.[131]

O traje típico de Bill Maris, CEO do Google Ventures, que investe em startups promissoras e é considerado uma das pessoas mais influentes do Vale do Silício, é boné e camiseta.[132] Ele está mais concentrado em "encontrar os melhores empreendedores do planeta e ajudá-los a mudar o mundo para melhor" do que em vestir ternos caros. Agentes de transformação são assim, valorizam a experiência. Acreditam tanto em seus projetos a ponto de investirem até seu último centavo. O dinheiro deve servir a esse propósito em vez de ser idolatrado. O resto é resto. Andam de Uber ou bicicleta. Não trabalham para morar em casas incríveis. Ao contrário, buscam retirar os excessos e simplificar a vida sem pensar em acumular. Preferem uma vida funcional.

A SEGUNDA

Mudança em relação ao sucesso: como vimos, muitas pessoas que mudam o mundo não seguem nenhum guru, não precisaram ter vários diplomas ou falar vários idiomas.

No campo social, vimos a aposentada brasileira que salvou a vida de milhões de crianças em diversos países do mundo tendo sido indicada ao Prêmio Nobel da Paz. Conhecemos o caso do adolescente pobre do Malaui que se tornou uma das trinta pessoas com menos de trinta anos que estão mudando o mundo. Vimos também o indiano que criou uma universidade para os pobres tornando-se uma das cem pessoas mais influentes da Terra e um professor que criou um banco para os pobres e, quem diria, ganhou o Prêmio Nobel da Paz.

Todas essas são pessoas comuns que decidiram deixar o quarto dos fundos para resgatar a bela mansão que sempre tiveram: sua capacidade de realizar grandes transformações.

No mundo dos negócios, essa capacidade reverteu a espiral negativa que ameaça uma média empresa, mas também transformou um recém--formado estudante de Design no sócio de uma empresa multibilionária, o mesmo tendo acontecido a um homem que se esqueceu de devolver um DVD à locadora de vídeos, e a outro que não conseguiu pegar um táxi durante um dia frio e tantos outros casos, como vimos.

A TERCEIRA E ÚLTIMA

A idade cada vez mais representa apenas um número. A capacidade de recuperar atitudes da infância para realizar sonhos é o que importa e pode acontecer em qualquer idade. O ato de desafiar o impossível não é uma exclusividade dos jovens. Ao contrário, quando alguém decide praticar essas atitudes, rejuvenesce e derruba barreiras, independentemente da idade.

Herói das expedições polares, o inglês Ernest Shackleton deu início à sua mais importante equação impossível (conquistar o Polo Sul) aos quarenta anos de idade, ainda no início do século passado.[133]

A britânica sedentária – e que fumava um pacote de cigarro por dia – Priscilla Welch percebeu que sua equação impossível estava no atletismo e, aos 35 anos, criou uma equação impossível: vencer a maratona de Nova York. Ela conseguiu em 1987, aos 42 anos, e no mesmo ano obteve a segunda colocação na maratona de Londres.

O indiano Fauja Singh começou a praticar atletismo em maratonas aos 89 anos. Ele concluiu oito maratonas e ficou internacionalmente conhecido por completar a maratona do Canadá aos cem anos.[134]

Assim como Priscilla, a equação impossível que a americana Diana Nyad desenhou ainda durante a infância também estava relacionada ao esporte e envolvia atravessar, a nado, os 177 quilômetros do Estreito da Flórida. Durante muitos anos perseguiu esse objetivo. A primeira tentativa ocorreu em 1978, aos 29 anos, quando fracassou. A segunda, aos sessenta, faixa etária considerada crítica por alguns, afinal, ela teria que nadar por mais de cinquenta horas ininterruptas para vencer o desafio, e fracassou novamente. Mesmo após quatro tentativas frustradas, algumas marcadas por queimaduras de águas-vivas e até um ataque de asma, ela não pretendia desistir. Todos pensavam que sua derradeira e quinta tentativa, aos 64 anos, teria o mesmo resultado, mas foi justamente nessa idade que a sexagenária se tornou a primeira pessoa do mundo a nadar de Cuba aos Estados Unidos sem a proteção de uma gaiola contra tubarões. Foram 53 horas sob ameaças de hipotermia durante a noite e queimaduras do calor caribenho durante o dia. Em sua chegada, ela disse: "Eu tenho três mensagens. A primeira é que não devemos desistir jamais. A segunda, você nunca é velho demais para perseguir seu sonho. E a terceira: isso parece ser um esporte solitário, mas é um time".[135]

A romancista Penelope Fitzgerald, uma das maiores escritoras britânicas de todos os tempos, decidiu aos 58 anos que seria uma romancista, quando já não estava mais "sufocada" pelo marido alcoólatra.[136]

A dona de casa Anna Mary Robertson Moses, conhecida também como Vovó Moses, investiu no seu sonho de uma carreira como artista plástica aos 78 anos[137] e seguiu pintando até poucos meses antes da sua morte, aos 101. Artista aclamada, um de seus quadros foi vendido por 1,2 milhão de dólares.

Eliezer Schwartz, um dos raros sobreviventes do campo de concentração de Auschwitz, partiu rumo aos seus sonhos quando já estava idoso. Ele fez doutorado aos 81 anos. Seu trabalho discutiu a origem dos campos de concentração de Auschwitz-Birkenau. Outro sobrevivente do Holocausto, o britânico Denis Avey, passou 65 anos em silêncio, mas aos 93 decidiu compartilhar, em livro, os momentos de horror vividos também em Auschwitz.

O queniano Kimani Maruge decidiu se matricular no primário, para alfabetização, aos 84 anos. Sua história emocionante se transformou em um filme.

Ticiano Vecellio, um dos maiores pintores italianos, pintou sua famosa obra *Adão e Eva* aos 94.[138]

Apesar de ter dedicado a vida à arte, a artista plástica contemporânea cubano-americana Carmen Herrera somente foi descoberta pelo mundo quando já tinha quase cem anos.[139]

Aposentados japoneses, por meio de modernas práticas agrícolas, estão multiplicando por vinte a produtividade de alface por ano.

NÃO IMPORTA QUAL A SUA IDADE OU CONDIÇÃO SOCIAL, SAIBA QUE O MOMENTO DE REINVENTAR A SUA HISTÓRIA É AGORA.

E se você ainda associa envelhecimento à fragilidade e decadência, esse é um bom momento para rever seus conceitos, porque o que se entendia por infância, juventude e velhice tem mudado bastante. Crianças estão altamente conectadas tecnologicamente, os jovens seguem engajados e com um perfil de consumo consciente muito presente e os idosos de hoje são ativos, saudáveis, dispõem de renda e querem viajar e consumir. Youtubers, surfistas, maratonistas... Lembre-se de que Oscar Niemeyer e Einstein estavam plenamente produtivos até seus últimos instantes de vida, o primeiro aos 105 anos!

VIMOS AQUI MUITAS PESSOAS COMUNS QUE CRIARAM PARA SI GRANDES DESAFIOS QUE, POR SUA VEZ, PROPICIARAM A MANIFESTAÇÃO DE OPORTUNIDADES E CAPACIDADES QUE NEM MESMO ELAS SABIAM QUE TINHAM. EM ALGUM MOMENTO, OS MAIS CÉTICOS RIRAM DESSAS PESSOAS. E QUANDO ISSO ACONTECER, VOCÊ LHES DARÁ A MESMA RESPOSTA QUE ELES DERAM:

VOCÊ SIMPLESMENTE VENCERÁ!

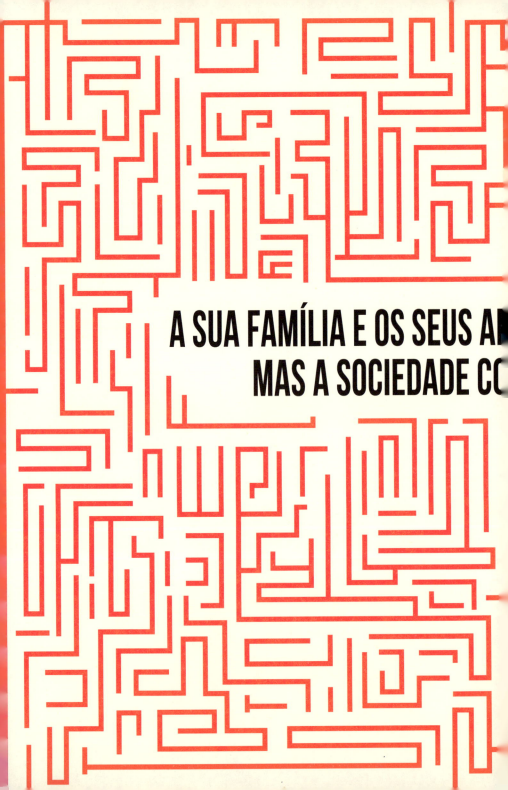

ALGUÉM PRECISA MUITO DO QUE VOCÊ TEM A OFERECER.
E ENTÃO, VOCÊ ESTÁ PRONTO(A) PARA **MUDAR O MUNDO?**

REFERÊNCIAS BIBLIOGRÁFICAS

[1] HOCK, Dee. *Nascimento da Era Caórdica*. São Paulo: Cultrix Amana-Key, 1999, p.116.

[2] SANBORN, Mark. *O que aprendi com meu carteiro sobre o trabalho e a vida*. Rio de Janeiro: Sextante, 2007.

[3] DIAMANDIS, Peter. *Abundância: o futuro é melhor do que você imagina*. São Paulo: HSM Editora. p. 19.

[4] HAWKEN, Paul e outros. *Capitalismo Natural: criando a próxima revolução industrial*. Cultrix Amana-key, 2007.

[5] ISAACSON, Walter. *Einstein: sua vida, seu universo*. São Paulo: Companhia das Letras, 2007.

[6] BUCHSBAUM, Paulo. *Frases geniais que você gostaria de ter dito*. Rio de Janeiro: Ediouro, 2004.

[7] DIAMANDIS, Peter. *Abundância: o futuro é melhor do que você imagina*. São Paulo: HSM Editora, 2012.

[8] MASI, Domenico De. *O ócio criativo*. Rio de Janeiro: Sextante, 2000. p. 101.

[9] A nova Arma de Guerra. Revista Exame. Ed. 1156. 7 mar 2018. Rafael Kato. p. 60.

[10] Diamandis, 2012. p. 351.

[11] DIAMANDIS, Peter. *Abundância: o futuro é melhor do que você imagina*. São Paulo: HSM Editora, 2012. pp. 16-17.

[12] DOMINGOS, Carlos. *Oportunidades disfarçadas*. 2013, pp. 289-291.

[13] Diamandis, 2012, p. 283.

[14] Wheatley, p. 71.

[15] Wheatley, p. 71.

[16] Wheatley, p. 71.

[17] XP, BTG e aumento da importância dos ativos intangíveis. Valor Econômico, 20 fevereiro 2019. p. C10 – Finanças.

[18] Buchsbaum, 2004, p. 97.

[19] Revista Exame, Blog. 14 de julho de 2017. Publicado em 12 de julho de 2017, 12h13 – O mundo está mudando, e o Brasil ficando para trás.

[20] Hawken, 2007, p. 7.

[21] Revista Exame, Blog. 14 de julho de 2017. Publicado em 12 de julho de 2017, 12h13 – O mundo está mudando, e o Brasil ficando para trás.

[22] Jornal Valor Econômico, 16 de fevereiro de 2018. Leslie Hook – Uber sonha ser a "Amazon" dos transportes.

[23] Diamandis, 2012. p. 81.

[24] Diamandis, 2012. p. 155.

[25] Diamandis, 2012. p. 52.

[26] Diamandis, 2012, p. 162.

[27] Diamandis, 2012, p. 79.

[28] Revista Exame – 21 de fev 2018 – páginas 70-71. Uma Moeda para chamar de sua: Por que a centenária Kodak, ícone das empresas atropeladas pelas mudanças tecnológicas, anunciou o plano de criar uma criptomoeda própria, a primeira a levar a marca de uma empresa global.

[29] FREIBERG, Kevin e FREIBERG, Jackie. *NUTS: as soluções criativas da Southwest Airlines para o sucesso pessoal e nos negócios*. São Paulo: Manole, 2000, p. 259.

[30] HEATH, Chip. *Ideias que colam: por que algumas ideias pegam e outras não*. Rio de Janeiro: Elsevier, 2007. p. 27.

[31] VANCE, Ashlee. *Elon Musk: Como o CEO bilionário da SpaceX e da Tesla está moldando nosso futuro*. Rio de Janeiro: Intrínseca, 2015. p. 27.

[32] *Quem se Importa*. Documentário, Brasil, 2012. Direção: Mara Mourão, 96 min.

[33] Buchsbaum, 2004. p. 40.

[34] COSTA, Alexandre Tadeu. *Uma trufa e... 1.000 lojas depois!* A inspiradora receita de sucesso da maior rede de lojas de chocolates finos do mundo. São Paulo: Alaúde Editorial, 2010, p. 85.

[35] Rural, 2009. *O custo da água de Nova Iorque*. Globo Rural, 8 fev. 2009. Disponível em: <http://globoruraltv. globo.com/GRural/0,27062,LTO0-4370-333555-1,00.html>. Acesso em: 9 fev. 2009.

[36] Diamandis, 2012. p. 17.

[37] BENYUS, Janine M. *Biomimética: inovação inspirada pela natureza*. Cultrix Amana-key, 2012.

[38] Revista Exame Edição 1174 – 28 nov 2018. pp. 76 a 80 – A mais veloz corrida das fontes renováveis – Renata Vieira.

[39] Diamandis, 2012, p. 216.

[40] Diamandis, 2012, pp. 216-217.

[41] Diamandis, 2012, p. 219.

[42] HERMAN, Amy. *Inteligência visual: aprenda a arte da percepção e transforme sua vida*. Zahar, 2016.

[43] Herman, Amy E. 2016, p. 21.

[44] Radjou, Navi. (2015, 12 de janeiro). *Navi Radjou: Creative problem-solving in the face of extreme limits.*

[45] http://www.iamwire.com/2013/11/be-bound-connected-internet-internet-connection/22350. Acesso em: 15 jun. 2018.

[46] Diamandis, 2012. p. 168.

[47] SCHWERR, 2012, p.5 Building a Well-Networked Organization https://sloanreview.mit.edu/article/building--a-well-networked-organization/ Acesso em: 29 ago. 2019.

[48] BOTSMAN, Rachel e Rogers, Roo. O que é meu é seu: como o consumo colaborativo vai mudar o nosso mundo. 2012.

[49] Benyus, 2012, p. 43.

[50] BENYUS, Janine M. *Biomimética: inovação inspirada pela natureza*. Cultrix Amana-key, 2012. p. 44.

[51] Benyus, 2013, p. 31.

[52] Hermann, 2016, p. 23.

[53] COHEN, 1999, p. 38

[54] Hawken, 207, p. 66.

[55] http://braziljournal.com/pao-de-acucar-descobre-um-tesouro-nos-algoritmos acessado em 31 jul 2017.

[56] *Slingshot*. Documentário, Estados Unidos, 2014. Direção: Paul Lazarus, 91 min.

[57] Hawken, 2007. p. 64.

[58] Little, Max. (2012, 7 de agosto). *Max Little: A test for Parkinson's with a phone call.*

[59] KIM, Jim Yong. (2017, 16 de junho). *Jim Yong Kim: Doesn't everyone deserve a chance at a good life?*

[60] Barbieri, Cristiane. Uma Mina de Ouro Escondida: escritor e consultor Dag Detter defende que ativos públicos sejam alocados em fundos. Jornal Valor Econômico. Caderno Eu & Final de Semana. Nº 902. 9 mar 2018. p. 16.

[61] Buchsbaum, 2004, p. 97.

[62] Benyus, 2013. p. 246.

[63] PÉTRY, Jacob. *O óbvio que ignoramos*. Academia, 2012.

[64] ABRASHOFF, Michael. Este barco também é seu: práticas inovadoras de gestão que levaram o USS Benfold a ser o melhor navio de guerra da Marinha americana. 2006. p. 10.

[65] PARK, Ji-Hae. (fevereiro de 2013). *Ji-Hae Park: O violino e a minha noite negra da alma.*

[66] Idem.

[67] Idem.

[68] Stela Campos - Jornal Valor Econômico, 1º de junho de 2017. Jovens querem propósito e valores.

[69] ROBBINS, Anthony. *Poder sem limites*. Rio de Janeiro: Best Seller, 2016, p. 62.

[70] LOCKWOOD, Lewis. *Beethoven: a música e a vida*. São Paulo: 2ª ed. Conex, 2005. p. 327.

[71] CLARK, Kenneth. *Leonardo da Vinci*. Rio de Janeiro: Ediouro, 2009, p. 177.

[72] CAPRA, Fritjof. *A Ciência de Leonardo da Vinci*. São Paulo: Cultrix, 2008, p. 48.

[73] Vance, pp. 186 e 187.

[74] BONIFÁCIO, Alex. *Pense grande: atitudes e valores de pessoas de alto desempenho*. Caxias do Sul: Belas Letras, 2013.

[75] STAUFFER, René. *A biografia de Roger Federer*. São Paulo: Évora, 2011, p. 11.

[76] Rosemblum, Celia. Os embaixadores de baixo carbono. Matéria Jornal Valor Econômico Caderno Eu £ Final de Semana, 10/11/2017. pp. 10-14.

[77] Hawken, 2007. p. 125.

[78] Pétry, 2010, p. 52.

[79] Ibidem, p. 53.

[80] Jornal Valor Econômico, 29 de setembro de 2017. Página F 6 – Especial Pequenas e Médias Empresas.

[81] Marishane, Ludwick. (2012, 4 de dezembro). *Ludwick Marishane: A bath without water*.

[82] https://translate.google.com.br/translate?hl=pt-BR&sl=en&u=https://biznakenya.com/21-year-old-billionaire-who--invented-drybath-at-17-named-among-top-10-brightest-minds-in-the-world/&prev=search Acesso em: 2 out. 2017.

[83] Sutton, 2002, p. 138.

[84] Diamandis, 2012. p. 267-269.

[85] Vance, p. 143.

[86] Diamandis, 2012, p. 270.

[87] <http://pme.estadao.com.br/noticias/pme,jovem-de-16-anos-fatura-r-600-mil-trabalhando-tres-meses-por-a-no,70001889466,0.htm> Acesso em: 26 set. 2017. – Davi Braga lançou o livro *Empreender grande, desde pequeno*, pela Buzz Editora.

[88] Diamandis, 2012. p. 89.

[89] Embriões da Inovação. Amana-Key. 2017.

[90] Hawken, 2007, p. 5.

[91] Schweer, 2012, p. 5.

[92] Frédéric Fréry, Xavier Lecocq, Vanessa Warnier **Competing With Ordinary Resources MIT SLOAN MANAGEMENT REVIEW** SPRING 2015, p. 75.

[93] Diamandis, 2012. p. 108.

[94] Abrashoff, 2006, p. 59.

[95] ROBBINS, Anthony. *Poder sem limites*. Rio de Janeiro, Best Seller, 2016, p. 262.

[96] Vance, p. 182.

[97] Hawken, 2007. p. 165.

[98] Benyus, 2013, p. 15.

[99] Radjou, Navi. (2015, 12 de janeiro). *Navi Radjou: Creative problem-solving in the face of extreme limits*.

[100] http://opopular.lugarcerto.com.br/app/noticia/show-room/603,58,601,58/2015/03/15/interna_showroom,48655/invencoes-obtem-agua-a-partir-da-umidade-do-ar.shtml. Acesso em: 3 out. 2017.

[101] Benyus, Janine. (2009, 27 de maio). *Janine Benyus: Biomimicry in action*.

[102] Abrashoff, 2006. p. 14.

[103] SULL, Donald N. De volta ao sucesso: por que boas empresas falham e como grandes líderes as reconstroem. Editora Campus, 2003.

[104] Claudio Garcia, Por que há tantos incompetentes na liderança? Jornal Valor Econômico. Empresas e Carreira – página B 2 – 28 de março de 2009.

[105] Ativos invisíveis – Modos de Uso – Amana-Key.

[106] Nicolaou, Anna. Vandevelde, Mark. Um guarda-roupa ilimitado por US$ 159 mensais. Jornal Valor Econômico. Página B 6. Tendências e Consumo.

[107] MAIA, Caito e ARAÚJO, Rodolfo. *E se colocar pimenta?: a história da marca mais quente do Brasil, sem cortes.* Rio de Janeiro: Elsevier, 2012.

[108] Bonifácio, 2013.

[109] Bonifácio, 2013.

[110] KIM, Jim Yong. (2017, 16 de junho). *Jim Yong Kim: Doesn't everyone deserve a chance at a good life?*

[111] WHEATLEY, Margareth J. *Liderança e a nova ciência.* São Paulo: Cultrix, 1999, p. 31.

[112] http://fortune.com/2014/12/30/meredith-perry-ubeam/ Acesso em: 15 jun. 2018.

[113] Botsman, Rogers, 2011. p. 85.

[114] *Quem se Importa.* Documentário, Brasil, 2012. Direção: Mara Mourão, 96 min.

[115] Diamandis, 2012. p. 179.

[116] Isaacson, 2007, p. 50.

[117] Campbell, 2003, p. 95.

[118] Shelton, 2011, p. 74.

[119] Gebbia, Joe. (2016, 14 de março). *Joe Gebbia: How Airbnb designs for trust.*

[120] Gilbert, Elizabeth. (2014, março). *Sucess, failure and the drive to keep creating.*

[121] Ediane Tiago – Tolerância ao fracasso marca economias mais avançadas – Jornal Valor Econômico – Especial Empreendedorismo – 5 out. 2017. p. F4.

[122] Embriões de Inovações – Amana-Key.

[123] Gilbert, Elizabeth. (2014, março). *Sucess, failure and the drive to keep creating.*

[124] Diamandis 2012, p. 275.

[125] ISAACSON, Walter. *Steve Jobs: a biografia.* São Paulo: Companhia das Letras, 2011, p. 99.

[126] VANCE, Ashlee. *Elon Musk: Como o CEO bilionário da SpaceX e da Tesla está moldando nosso futuro.* Rio de Janeiro: Intrínseca, 2015. p. 25.

[127] Buchsbaum, 2004, p. 106.

[128] https://oglobo.globo.com/economia/fortuna-com-12-digitos-bill-gates-se-junta-jeff-bezos-no-clube-de--quem-tem-mais-de-us-100-bi-23535694 Acesso em: 23 ago. 2019.

[129] Diamandis, 2012. p. 23.

[130] Vance, p. 150.

[131] http://epocanegocios.globo.com/Informacao/Acao/noticia/2015/07/ceo-de-empresa-em-las-vegas-mora--em-um-trailer-com-uma-alpaca.html. Acesso em: 27 dez. 2017.

[132] KNAPP, Jake. *Sprint: o método usado no Google para testar e aplicar novas ideias em apenas cinco dias.* Rio de Janeiro; Intrínseca, 2017. p. 15.

[133] ALEXANDER, Caroline. *Endurance: a lendária expedição de Schackleton à Antártida.* São Paulo: Companhia das Letras, 1999, p. 14.

[134] FELIZOLA, Ana Cláudia. *Desafio aos limites da idade.* Correio Braziliense, p. 12/13. 23 out. 2013, p. 12.

[135] MENDES, Gustavo. *Não devemos desistir jamais.* Correio Braziliense, Caderno Super Esportes, 3 set. 2013.

[136] BUCKINGHAM, Marcus e CLIFTON, Donald. *Descubra seus pontos fortes.* Rio de Janeiro: Sextante, 2008, p. 77.

[137] Buckingham, 2008. p. 78.

[138] CAMPBELL, Joseph; MOYERS, Bill e FLOWERS, Betty Sue (Eds.). *The Power of Myth.* Doubleday, 1988.

[139] HERRERA, Carmen. The 100 Years Show. 2015

COMPRE UM
·LIVRO·
doe um livro

Nosso propósito é transformar a vida das pessoas por meio de histórias. Em 2015, nós criamos o programa compre 1 doe 1. Cada vez que você compra um livro na loja virtual da Belas Letras, você está ajudando a mudar o Brasil, doando um outro livro por meio da sua compra. Queremos que até 2020 esses livros cheguem a todos os 5.570 municípios brasileiros.

Conheça o projeto e se junte a essa causa: www.belasletras.com.br

Este livro foi composto em Calluna e Bebas Neue e impresso em papel Polen 80 g pela gráfica Copiart em setembro de 2019.